文學叢刊

陳福成著

海青青的天空

——牡丹園詩花不謝

文史哲出版社印行

國家圖書館出版品預行編目資料

海青青的天空：牡丹園詩花不謝 / 陳福成著 . --
初版 --臺北市：文史哲，民 104.09
頁；　公分（文學叢刊；356）
ISBN 978-986-314-278-2（平裝）

1.海青青 2.新詩 3.詩評

851.487　　　　10409583

文學叢刊 356

海青青的天空
— 牡丹園詩花不謝

著　者：陳福成
出版者：文史哲出版社
http:// www.lapen.com.tw
e-mail：lapen@ms74.hinet.net
登記證字號：行政院新聞局版臺業字五三三七號
發行人：彭正雄
發行所：文史哲出版社
印刷者：文史哲出版社
臺北市羅斯福路一段七十二巷四號
郵政劃撥帳號：一六一八〇一七五
電話 886-2-23511028 · 傳真 886-2-23965656

定價新臺幣二五〇元

二〇一五年（民一〇四）九月初版

ISBN 978-986-314-278-2　　09356

自序：關於《海青青的天空》、《牡丹園》因緣

人生真是有很多奇緣，二〇一一年九月，我和幾位好友，台客、吳信義、吳元俊等六人，到祖國山西芮城訪友。行程由台客安排先到鄭州，拜訪鄭州大學一群朋友，接著台客安排到「孟彩虹茶館」見一群詩人朋友，這是九月十日下午到晚上的事。

晚上茶館裡有我等台灣來的六人，茶館主人孟彩虹、從洛陽來會面的海青青和李克霞、鄭州當地有劉福智和張愛萍。這晚，我們談詩、唱歌、喝酒！

短短一晚相聚，之後再也沒見過這群詩友。但這晚，我知道海青青是《牡丹園》詩刊主持人，他是回族青年，回台灣後，我常收到他寄來的《牡丹園》詩刊。

台灣有一則笑話，要害一個人，叫他去辦雜誌，不出幾年一定「死的很慘」，詩刊沒有政府公款支持，「存活率」很低，大多幾年就打烊，我知道海青青已維持了五、六年。他持續寄詩刊給我，第七年、第八年……我開始以驚訝的眼神看《牡丹園》，竟如

此的「長命」，我準備給他好好鼓舞和支持。

海青青很用心編《牡丹園》，每期都有好作品，有詩友來信，有園主給詩友的信，有些兩岸詩壇消息等。

第九年，我零星運用一些時間研究海青青的詩，主要以《夢裡不知身是客》詩集作品為主，為他寫一本書，並請他轉贈《牡丹園》讀者和詩人們，大家為他加持。

中國當代詩壇上，在河南洛陽有位「地攤詩人」海青青，做些小生意維持生活；還能主持《牡丹園》詩刊，明年到了十周年，對這樣有使命感、有熱情的詩人，吾國文壇詩界，應該給他最大的鼓舞和支持。

我自從二〇一一年九月從祖國回到台灣，由於諸多因素，到現在（二〇一五年八月），就再也沒有離開台灣小島。我和海青青偶有通信，他按時寄《牡丹園》給我，對他能投入心力辦《牡丹園》，令人佩服和感動，以本書的出版向海青青表達敬意和鼓舞，並請詩家教正。（台北公館蟾蜍山　萬盛山莊主人　陳福成　誌於二〇一五年八月底）

海青青和他的《牡丹園》詩刊簡介

本書雖然不是海青青詩歌的專門研究，卻是海青青詩歌賞讀的真情詩寫心得。他也是《牡丹園》詩刊主編兼經營者，就像「一人公司」，略為簡介，按《夢裡不知身是客》詩集資料如下。

海青青，原名海青善、尤素福。海青青、邙山詩客等。藝名，海青青。河南洛陽市人。回族。《牡丹園》詩刊主編。他有多方面的才華，主要在音樂和文學。

文學方面：曾先後在《詩刊》、《揚子江詩刊》、《莽原》、《散文潮》、《愛情婚姻家庭》和台灣《秋水》詩刊等雜誌報刊。發表詩、散文、評論、詩化、小說，約五百餘首（篇），收入各種選集，獲數十項獎。

音樂方面：曾先後在《廣播歌選》、《青年歌選》、《伊斯蘭文化研究》、《超然詩刊》和台灣《秋水》詩刊發表歌詞、歌曲約百餘首。歌詞〈河洛人家〉、〈美麗人間〉、（〈美麗洛陽〉三部曲之一）曾在《青年歌聲》第九屆、第八屆全國歌曲、歌詞作品比賽，榮獲一等獎、二等獎。

以上資料只到二〇一〇年十一月，如今又過了近五年，他一定有不少作品面世（市），按他給我的來信，《牡丹園》明年是創刊十周年。希望牡丹詩花永不謝。

陳福同詩友：

您好！

久未联系，一切还好？

新一期《牡丹园》已出版，现寄上一份，请指正！

明年，《牡丹园》已创刊十周年，每期《牡丹园》都寄给您，您也是《牡丹园》的老朋友，相信，您也有许多话想要说给《牡丹园》，那就讲出来吧，让大家也分享您的记忆，您说好吗？我也期待着。

久未见您来信来稿，一直在忙着什么？《秋水》停了，好多台湾的诗友也无联系和消息，极牵挂的。

祝一切好！

海青青

2015年5月22日　于洛阳。

HONG DU　NO：002314　　年　月　日　　第　页

左圖：鄭州大學校園留影。

下圖：二〇一一年九月十日白天鄭州大學樊洛平教授（正中）帶大家參觀河南博物院。左起：吳元俊、吳信義夫婦；右起：江奎章、本書作者、台客

上圖：九月九日晚上，鄭州大學文學院院長單占生教授（正中）接風。
後排左起：樊洛平教授、郭曉平先生，最右是孟彩虹和她的貝比。
下圖：九月十日晚上在孟彩虹（最左）的茶館

上圖：海青青（左）與台客，九月十日晚上在孟彩虹茶館
下圖：海青青與陳福成，九月十日晚上在孟彩虹茶館。

這是「彩虹妹妹」孟彩虹的浪漫照，感謝她九月十日晚上安排了浪漫的「詩歌晚宴」。

上圖：海青青（左）與台客，九月十日晚上在孟彩虹茶館
下圖：海青青與陳福成，九月十日晚上在孟彩虹茶館。

這是「彩虹妹妹」孟彩虹的浪漫照，感謝她九月十日晚上安排了浪漫的「詩歌晚宴」。

流浪者尋找〈家的形象〉

遠在天涯海角一個不熟的朋友，旅途中偶然一見的詩人海青青，他的故事和我好相近，故我讀他的作品是有感的，有共鳴的。他，長期人在異鄉，《夢裡不知身是客》詩集，有濃得化不開的鄉愁；而我，從少年到中年，在外流浪三十年，我和海青青，到底誰的鄉愁濃？又是誰的鄉愁愁？

異鄉打拼的遊子們，你心中想著什麼？你白天工作完畢，下了班和朋友去喝一晚小酒，回到睡覺的牀上，心頭上想起了誰？是媽媽做的菜？還是留在故鄉曾經愛過的愛人？我試著讀懂海青青的故事，今天他的書店生意好嗎？攤子上一定很熱鬧。但他白天生意做完，就想念他的故鄉，故鄉的親人，讀〈家的形象〉一詩：

母親的臉龐
要不，想起家就想起
被母親的手溫暖過的情景？

家的溫馨
檐下的風鈴。
要不，在異域風中，
總愛諦聽來自故鄉的叮嚀？

家呵家，
總讓我們
流浪的孩子一遍遍地懷想，
一遍遍地喟望成淚眼矇矓。

直喟望到

一輪明月
照在床前。鄉愁呀
才有了歸家的小徑……

原載四川《龍眼樹》詩歌報，一九九二年第三期，收入詩選集《新星詩人佳作選》，並獲「當代新星詩人」獎。

只要是人，都有父母親，父母住的地方是他的原鄉，他的家。人都會想家（我相信敗家子也會想家，就算無父無母的孫悟空，也常在西行的路途上，想念花菓山那個「家」，家中那些猴子猴孫們，不是嗎？）

遊子在異鄉工作久了，就在異鄉成家立業，時間久了，到了第二代，異鄉就成了故鄉。故有「所有的故鄉都從異鄉來的」，這是很長時間的轉換。例如，大陸來到台灣的老兵，台灣永遠是異鄉，大陸原居地才是故鄉，但他們的第二代（在台灣出生成長），台灣才是他們的故鄉。

人永遠鬥不過時間，去到異鄉的第一代，儘管你已住了三十年、四十年、五十年……你還是想念著故鄉，母親溫暖的手，檐下的風鈴，死了多年的老黑狗，想著、想著，想成了淚眼矇矓，想到一輪明月掛床前，才有歸家的小徑，在朦朧中睡著了！

我十五歲初中畢業離家，入讀鳳山陸軍官校預備班十三期，那時一律住校，接受極嚴格的軍事養成教育，半年才能回家一次。那些日子，三更半夜裡，常聽到有人在棉被裡哭著叫「媽媽、媽媽」，我自己也多次想著想著掉下男兒淚，其實只是十五歲的孩子。

十五歲就離開溫暖的家，此後就在很多個異鄉流浪三十年，當然也在異鄉成家立業，現在更成了一介「老榮民」，吃著國家給的退休金，閒來寫作度餘生。但我依然每年會回「老家」看看，父母墳上的草要除，親切的長老愈來愈少了，新生代都不認識，這裡還是我原來的家，我最原始「家的形象」從這裡產生。

海青青的故事像我的故事，幾年前見面的那一晚，看他像是個年輕的小伙子，一個回族青年詩人。

回想那一晚，二〇一一年九月十日下午到晚上，在鄭州孟彩虹的茶館，台灣來的台客、吳信義、吳元俊和我，洛陽來的海青青和李克霞，鄭州當地有劉福智和張愛萍，這晚我們談詩、吟詩、唱歌、喝酒……

只有這晚我們沒有鄉愁，只有這晚，我們大家都沒有想媽媽、想爸爸，只想著這千載難再有的因緣！

〈無題〉是每個人的故事

地球上現在有七十多億人口，就有七十多億不同樣貌的人生，沒有兩個一樣的，雙胞胎也不可能有百分百相同的人生路。按佛法所言，一花一世界，一葉一如來，同一棵樹上也沒有兩片相同的綠葉，所以佛教講「明心見性」，講眾生平等，講要對一切眾生尊重。

但這七十多億人，乃至一切眾生，也有普遍相同之處，「普遍相同」無例外，是謂之「真理」，放於四海皆準。如都要面對從生到死，面對無常，過一天便少一天。有情眾生誰能不要面對這些？讀海青青〈無題〉這首短詩，讓我看到普遍眾生，走過「相同的路」。

人生總是愈走愈短，

鞋不知磨破了幾雙，
腳已承受不了路的漫長。

然而，鞋破了，
腳抬不動了，
心還在走……

有一天，躺下了，
路依然在走。
比路長的是夢！

原載《詩刊》二〇〇〇年五月號，河南《莽原》一九九八年第五期（總第九十八期）。

「人生總是愈走愈短」，這是有智慧的、有生活體驗的人，才能「感覺」得出來，才能「發現」到的真理，這是總人口裡的少數智者。就像古今多少人看見樹上果子掉下來，為什麼只有一個牛頓的觀察，「發現」了地心引力。為何？因眾多的人「視而不見」，無感！

所有的眾生都是過一天就少一天，只是多數人無感，無數人（尤其中年以下）甚至「過一天多一天」，他有無數的一天天可以揮霍。

詩人對生活有深刻的體驗，詩人也是懂得生活的人，對人生意義的思考有異於常人的深度，故能感受過一天少一天的急迫感，而把握現在，活在當下。在佛教的《金色童子因緣經》詩偈曰：

> 寢宿過是夜，壽命隨減少，
> 猶如少水魚，斯何有其樂。

人生就像一隻活在少水的魚，水愈來愈少，生活還是要過，如何在少水狀態中創造人生的價值，這才是生命存在的意義。但眾生都要面對無常，《長阿含經》說：「世間無常，人命逝速，喘息之間，猶亦難保。」生命是如此的脆弱，如此的無常，而人心如此的「強」、如此的「常」，大家都不想死，**「然而，鞋破了／腳抬不動了／心還在走……／有一天，躺下了／路依然在走／比路長的是夢」**。路已到了盡頭，心還不想停，因為大業未完，大家都夢想著能百歲、千歲、萬歲……

眾生都普遍相同的人生愈走愈短，也都要面對無常，還有什麼相同或類似的人生路？左思右想，吾國明朝有個叫念菴的修行者，道出許多人生皆如是：

急急忙忙苦追求，寒寒暖暖度春秋；
朝朝暮暮營家計，昧昧昏昏白了頭；
是是非非何日了，煩煩惱惱幾時休；
明明白白一條路，萬萬千千不肯修。

眾生是否皆如是？倒也未必，世上很多大德都有很高的修行，佛教、回教、天主教等，都出現很多聖賢。「明明白白一條路」，指的是修行路，人生在世要知道修行修道，多做善事，多做功德，莫等大限一到，才來後悔，為時已晚，很可惜！

你是那個「萬萬千千不肯修」的嗎？「修行」所指，是人的德行、言語、思想要不斷進步，人生如少水魚。所謂人生苦短，而事功（立德、立言、立功）無限，孔明、鄭成功、毛澤東、蔣介石，當他們躺下時，心中的夢尚未實現！你如何在躺下時，自己是自在圓滿的走？

〈我的生活〉是眾生的生活

「橫看成嶺側成峰，高低遠近皆不同」，看一座山，從每個角度看都不一樣，走入山中，爬到山頂，每個位置更有不同的視界，不同風景，主客交流的情境感受，完全不一樣了！

人比山更複雜，山不會自己化粧、欺騙，人會種種化粧術，會有高明的欺騙把數。所以，從每個角度看人，每個時間點看一個人，或公場所、私領域看人，或當你窮困與發達看一個人，你仔細觀察，都大大的不一樣。你白天上班，看到你的頂頭上司人模人樣在訓話，講一些仁義道德，晚上下班他可能去和小三在溫柔鄉裡鬼混，有一天報紙爆料他是「貪污洗錢」大王，你如夢初醒，痛恨自己為什麼一直為他賣命工作？這種新聞在地球上任何角落，天天都不動聲色的在上演。

人雖有種種異樣切面，卻可簡化至「內外」兩層面，外表是眾人所見「不完全的真相」，在公領域與朋友相交或職場表現，通常是一種「表演」，以亮麗風光的彩衣表相，彰顯他的權勢、地位乃至真誠；而在最深的內心世界，可能有著難以療癒的傷痛，無人能解的孤寂，成為一生揮之不去的「心癌」，乃至心中住著一隻大魔鬼。

但我發現，真正的詩人，是世上最像人的人。這 種詩人，不論寫不寫詩，都以真性情示人。

這就是人，世上人人都在「內心世界的真相」和「外表亮麗的假相」之間，進行著永恆的掙扎，不斷想要找到一個「平衡點」或「出口」，這是眾生的「真相」，眾生的生活。在〈我的生活〉這首精妙的小詩，我看到有情眾生的普遍性現象：

別看我的生活
像一只深秋的蘋果——
　充滿甘甜，
散發誘惑。
切開了我的生活……

你就會含淚地說，
啊，歲月裡的寂寞！
命運中的苦澀！

一九九四年，原載四川《讀書人報》一九九四年三月二十九日

這是一首無限深意的小詩，二段八行，以內外、相對佈局，產生極大的落差美感。是海青青，也是世上每個人的生活，是世間「共相」。所以，從詩裡看到詩人共相的一面，「殊相」不得而知，到底因何寂寞？苦澀何在？只有詩人自己知道，可能連枕邊人也不知道，而且，通常枕邊人是不知道的，很弔詭、很無厘頭、很多無奈！所以佛法說人生有八苦，脫離苦海之道只有透過佛法的修行，就如《心經》所說「能除一切苦，真實不虛」。這是佛法的修行，但我相信伊斯蘭教也有「離苦得樂」的修行法門。就是吾國儒家孔孟、道家老莊，也有另一套「離苦得樂」的修行法門。所謂「修行法門」，不過是「工具、方法、途徑」，視個人因緣、喜好而自選運用。

〈我的生活〉是眾生的生活，所有的「活人」都有很多寂寞、苦澀、恩怨情仇……現在叫你修行，也許你說「那有美國時間」，是不是要修行五百年？我倒有一帖良藥，

名「活在當下」讓你轉念，可瞬間離苦得樂。明朝的憨山德清大師詩曰：

四面湖山鏡裡看，樓船深浸碧波寒；
不知身在冰壺影，可笑沉酣夢未殘。

詩意告訴人要活在當下，「四面湖山鏡裡看，樓船深浸碧波寒」，江海樓船如鏡中幻影，隨時會消失不見。「不知身在冰壺影，可笑沉酣夢未殘」，喚醒在紅塵迷夢裡沉浮的世人，不要再沉溺於不切實際的幻夢，認真活在當下，像海青青這樣充實每一天的生活，才是明智之人。

如果這帖藥還不夠，老夫再加一帖妙藥，名「看淡世情」定能受用。清代蒲松齡詩曰：「龍游淺水遭蝦戲，虎落平陽被犬欺；人情似水分高下，世事如雲任卷舒。」

我介紹這兩帖妙藥，其效如仙丹，惟效用的產生一半在藥，一半在人，世人智愚性格各不同，只要你願意真心服用，或佐以咖啡、茶均可，定使「你的生活」，你的人生，從黑白變彩色。

〈流淚的元旦〉，怎樣對治？

今年是流淚的元旦，要怎樣對治？明年才會是一個快樂的元旦？其實三十年前我也沒想過這個問題，只是一個事後諸葛。讀了詩人的詩作，心有所感，有感於自己寂寞的當年，也曾有「流淚的元旦」。

時鐘播回四十年前，一九七五年（民64）八月，我從鳳山陸軍官校畢業，分發到金門，打算為「反攻大陸」大業，打第一仗立第一功。當時我已有一交往四年的女朋友，心想著金門兩年就可回台灣了，我們書信往返以寄戀情，沒想到才分離四個月，她在後方發動「兵變」，我正好在一九七六年元旦，從她的來信知道了不能挽回的事件，不能接受也得接受。不是說「近水樓台先得月」嗎？你人在天邊說「我愛妳」有屁用？另有一人就算沒說我愛妳，但天天陪在她身邊，已佔盡所有「戰略優勢」，兩性戰爭不就如是嗎？

那個元旦，我在部隊附近的小店，一人獨飲，喝了半打啤酒。喝著、喝著，我已分不清，哪一杯是淚水？哪一杯是啤酒？四十年前的那個元但，要怎樣忘記？怎樣釋懷？後面再說，先賞讀海青青這首〈流淚的元旦〉

今天又是元旦節，
想歌歌也冇歌。
屋裡堆滿了貨，
心上堆滿了愁！

白白的寒風從早嚎到晚，
生意不好我就早早收了攤。
煤火已滅，心裡的那爐熱
也登時冷卻。孤獨是點點星斗！

鄰居們魚貫而歸，

煎制著元旦的快樂和喜悅。
你不在小鎮就不懂得，
別是一番滋味在心頭！

我決定到清真菜館羊肉泡。
凄涼的歌聲黯淡了大街的繁華。
老板把飯端上時，我已分不清：
哪一杯是淚水？哪一杯是啤酒？

一九九五年元旦

這首詩寫於一九九五年元旦，距今已是二十年前，那時他才幾歲？對人生已有如此深刻的體驗。應該是和他文學與音樂的藝術基因有關，藝術工作者都有敏感的神經系統，感受生活中的點點滴滴。這首詩平實而詩意豐富，**「屋裡堆滿了貨／心上堆滿了愁」**，強烈的比喻，使主（心上愁）和客（屋裡貨）產生交流，情感物，物動情，是很有境界的詩語言。**「孤獨是點點星斗」**、**「你不在小鎮就不懂得」**，其實誰也不懂！只有詩人自己能感受人生，那堆得比貨還高的「愁」！如何解愁？你的愁會比宋代蘇東坡多嗎？東坡說「有那麼嚴重嗎？」常懷平常心就好，詩曰：

廬山煙雨浙江朝，未到千般恨不消；
到得原來無別事，廬山煙雨浙江朝。

人皆有好奇心、欲求心，金錢、財富、豪宅、名利、地位、女人……樣樣想要，得到了又大多不知珍惜。東坡的詩啟示大家，對待萬事常懷平常心，只是人常「知易行難」。兩性從愛情到婚姻的過程，像極東坡詩境，男人以為的天下第一好女人，拼命追到手，不久沒了好奇也看到真相，於是婚姻成了墳墓，不是說「婚姻是愛情的墳墓」嗎？套東坡的詩說：「這個女人是女人，得不到時恨不消；到得原來不稀奇，這個女人是女人。」諸位看倌讀者，你以為然否？

當年若我能以平常心看待萬事，就不會有「流淚的元旦」，大丈夫何患無妻？有了事業還怕女人不上門嗎？這都是事後諸葛了。我不是海青青，這些年他使終身在異鄉為異客，但願他只有一九九五年有「流淚的元旦」，以後都是「歡樂的元旦」。

〈雨天〉，妻子永遠沒有雨天

「妻子」這個角色很微妙、很神奇，有些時候，她完全不必工作，卻很有錢。因為男人賺的錢都給她；有些時候，她不必在事業戰場上拼死拼活，但男人事業的成敗，她俱有「決定性作用」。

現代社會大多夫妻各有工作，各有收入，加上女權主義加持，妻子在家中的影響力日愈高漲，這是全球性的趨勢。未來，男權、父權和夫權將加速「邊陲化」，這恐怕和「地球第六次大滅絕」一樣，已經按下「不可逆」的程序鍵，男人（丈夫）們！你知道嗎?社會學家早已在學術研究中，稱現代社會是「新母系社會」；伊斯蘭教族群除外，海青青真幸福啊！**「沉重的日子總是被妻子／洗得陽光燦爛」**，還能享有一點做丈夫的幸福和當男人的尊嚴，這樣的好妻子，要好好珍惜她！

我一個朋友告訴我昨日發生的事，他出門忘了帶一件厚衣服，天氣轉冷，他打電話給老婆，話未說完，只聽到「活該！」大聲二字，電話已卡擦掛斷了。他呆立片刻，打電話給女朋友，對方馬上說：「你人在哪兒？我現在幫你送件毛衣來！」他問我：「老婆和女朋友怎麼差別那麼大？」

確實，夫妻每天掛在一起，所有的美感沒了，距離消失後也看到彼此醜陋面，婚姻如墳墓，這一切問題全出在「零距離」。大家敬仰的國際大導演李安，記者問到李太太對李安的看法，她說：「喔！就是那個糟老頭！」一句，再補一句：「你看他那個樣子，能對他期待什麼？」以前兩岸都在崇拜毛澤東、蔣介石，但他們也只是子女心中「那個討厭的老頭」；人民為什麼崇拜？都是因為保持距離，遠距離看什麼都很美。回到海青青〈雨天〉這首詩，做生意擺攤子的小老百姓心聲，妻子沒有雨天：

生意做疲倦的時候，
我們就盼望著雨天。
雨天我們就可以不出攤，
雨天是我們的禮拜天。

29 〈雨天〉，妻子永遠沒有雨天

雨天我就躺在小屋，
翻翻往事的片斷，
夢夢那段盛開牡丹的家園，
枯燥的生活中透出一絲恬淡……

妻子永遠沒有雨天，
大堆小堆的衣裳正在期盼……
沉重的日子總是被妻子
洗得陽光燦爛。

這樣的雨天不能太久，
久了心中又會堆滿愁怨——
生意一天都不能耽擱，
天晴就要出攤！

生活不外吃飯、睡覺、工作，不論貧富男女的生活，共相都是一樣的。但同樣是在生活，有的人只是「生物的本能」，海青青把生活提煉成詩，讓生活有詩意，用詩表達對妻子的讚嘆！這便是一種「修行」，且有了修行境界。這種境界，吾國明代大思想家王陽明先生用詩偈詮釋說：

飢來吃飯倦來眠，只此修行玄更玄；
說與世人渾不信，卻從身外覓神仙。

真正的修行不是在深山獨居，而是落實在生活中，食衣住行工作出攤，而不是到身外去找神仙。有個人問禪師：「怎麼修行？」禪師回答：「就是吃飯和睡覺。」問者反問，我們也同是吃飯睡覺，難到不是在修行嗎？禪師搖搖頭說：「不然！你吃飯時，心不在焉，食不知味；你睡覺時，翻來覆去，輾轉反側，睡不安眠。可是我吃飯時，葉根也是香的，吃得有味；我睡覺時，心中無事，睡得安然。因此，同是吃飯睡覺，效果就完全不一樣，這是修行與非修行的差別。」

從〈雨天〉一詩看，海青青是懂得生活，並以詩進行生活修行的人。**「雨天我就躺**

在小屋／翻翻往事的片斷／夢夢那片盛開牡丹的家園／枯燥的生活中透出一絲恬淡……。」生活中有了詩，讓枯燥的土壤也會開出一朵花，生活不再那麼苦悶。身為一個詩人、作家，一個小老百姓，吾人所為，與世界和平或國家安全沒有直接關係，我們生活以「隨緣自在」為要，清代一個修行人叫竺庵大成，他有一詩說：

伯勞西去雁東來，李白桃紅歲歲開；
萬事無過隨分好，人生何用苦安排。

伯勞鳥西去，大雁又東來，李花白了，桃花紅了，都是自然界平常之事；比喻人生的生老病死，如花開花落，也是很自然的。「萬事無過隨分好，人生何用苦安排」，費盡心機追逐名利，汲汲向外苦苦營求，不如隨緣、自在的生活，往自己內心世界提昇人生的層次。

海青靜做著小生意，經營他的《牡丹園》詩刊，一個小小的詩刊，是許多詩人的「詩果山」，有呂劍的題名，有木斧、劉章、聖野等當代名家當他的顧問，海青青的人生境界鐵定是不一樣的。

〈鳳棲梧〉，男人心中永恆的夢境

年輕時，聽兩性專家演講，說男人一生心中只有兩件事，女人和事業；而女人一生只牽掛一件事，是愛情。年輕時代，半信半疑，一時也無從驗證，只有從自己的成長過程中，慢慢去體認，是否如此？

每個人的體驗，大概都不一樣，汝人飲水，冷暖自知。但可以從很多「現象」，歸納出一些「法則」。

過去的四十年，我注意這些命題，深入觀察研究，當成寫作材料，出版專書《男人和女人的情話和真話》，二〇一〇年十一月，台北秀威出版公司。

按我的驗證、研究，不論男人或女人，確實會一輩子牽念著心上的愛人，而男人則特別在乎他的「夢中情人」，只是每個時代潮流不同，而有不同的程度。例如四年級五年級生（約一九五〇、六〇年代生），對婚姻有使命感，他們在大學時代開始談戀愛，計畫未來何時要完成婚姻大事。但到了一九八〇、九〇年代出生的新人類，婚姻已非他們的人生選項，他們大多不想要妻子或丈夫，只想要一個同居人，可見一代之隔，觀念差異竟如此的大。

社會學家認為傳統的婚姻制度已面臨崩解，新加坡李光耀大膽預測，到二〇五〇年，傳統婚姻制度就成為「歷史名詞」。讀者看倌，你以為如何？

不論潮流如何改變，生物學的「生物性」不會變，男人永遠會要一個女人，女人也要一個男人，他們是彼此的「夢中情人」，相互解決彼此的性需要，過一個快樂的人生。至於婚姻、孩子，都不是他們想要的。因此，我在解讀〈鳳棲梧〉，不得不降格到「生物學」的內涵：

今夜，我摟著你，
像黑夜摟著月亮、
綠葉摟著紅花、
大樹摟著小鳥、
窗口摟著燈火……

啊，輕輕地摟著你，
摟著我今生的愛情、
遠航的白帆
冬日的爐火……
愛情在小屋裡，
小屋在小鎮上，
小鎮在流浪上，
流浪在蒼茫歲月上……

一九九五年十月七日，原載《愛情　婚姻　家庭》，〈生活紀實版〉二〇〇八年二月總第三三九期。

第一段性暗示的意象鮮明，男人總想摟著一個女人，月亮、紅花和小鳥都是女人的暗示。**「像黑夜摟著月亮」**，想像夜空中高掛一輪明月，夜空之廣大、包容象徵男人；月亮嬌小、溫柔當然就是一個美女，男人緊緊的摟著、抱著這個心愛的女人，今夜，是纏綿的一夜，香甜的夜，人生至此，夫復何求？好像「夠本」了！

第一句今夜，我摟著你，正是天下男士心中最愛。實際上有，當然是人生的理想實現，沒有的話，夢想也是很美的。

「綠葉摟著紅花／大樹摟著小鳥／窗口摟著燈火……」都有鮮明的男人緊抱女人的想像，有豐富的詩意，是很成功的詩語言。

第二段意象不夠鮮明，有些散亂，但也彰顯出愛情的不可得、不可捕捉，似乎一切都在流浪。同是書寫男人的愛，另一首短詩〈男人手記〉，是一個男人面對三個角色衝突的女人：

最感動的
是掩面而泣的
男人。

最可愛的
是掩面而泣的

男人。

最懦弱的
是掩面而泣的
男人。

一九九六年三月二十六日

這是一首想像力寬廣的詩，有很多空靈空間。不必解釋（詩不是拿來解釋的，欣賞、想像用的），亦可做任何解釋，我假設第一段是男人面對母親，第二段面對太太，第三段面對外面的情人，看倌讀者，你以為呢？

〈自畫像十四行〉：海青青世界的縮影

自從多年前，我和台客、孟彩虹等多位詩友，在鄭州與海青青見過一面，此後僅有偶爾收到他寄來的《牡丹園》詩刊，我非常感動於神州大地上，有這樣一位年輕詩人，他並非什麼大有錢財主，只是自己做些小生意，而能把這個小詩刊維持這麼久！

其實海青青長成什麼樣子？我愈來愈想不起來了！他的事業、工作詳情亦不得而知，僅知他和杜甫「同行」，擺攤做生意的（杜甫窮困時，曾到漁市場擺攤賣魚貨，他是中國詩聖，海青青當然不是詩聖，但他和杜甫同樣的生活精神，中國詩界文壇應該會給海青青最大的鼓舞支持。）。因此，要進入海青青的生活世界，或許從他的〈自畫像十四行〉是個窗口和途徑。

許多畫家、詩人、藝術創作者，都曾創作「自畫像」作品，那是創作者的自我表述，讓觀眾（讀）者進一步理解創作者。海青青的〈自畫像十四行〉，是由三節組詩結構而成，其結構還算嚴謹。

之一：趴在布堆上寫詩的人

把白天市場上的吵鬧推去，
把做生意用的剪子、尺子、計算機收起。
不怕夏日酷熱、生意疲倦，
來了就用準備好的濕毛巾對付。
在九平方米的下不去腳的倉庫裡，
用布綑在布堆上堆成一張桌面。

你常常就這樣趴在布堆上寫詩，
趴在布堆上與命運交談，
鮮活的意象縈繞在你四周，
憧憬的期待恭候在你身邊，
浩瀚的宇宙也滾不出你掌間

彷彿就在你座墊下面……

小鎮，一封寄給明天的信件，

你是信件上氣宇軒昂的詩篇！

寫本文時，我突然有一陣「奇怪的因緣」湧上心頭，在我所深入接觸研究的大陸詩人，第一位是河南安陽丁家巷的王學忠，二〇一二年出版了《中國當代平民詩人王學忠》，王學忠也是擺地攤的。第二位正是現在這位河南洛陽老城區的海青青，也是擺地攤的；前面講到詩聖杜甫窮困到漁市場擺地攤，而我在年輕時也曾利用假日擺地攤賣衣服。何樣因緣？杜甫、王學忠、海青青和我，我們都是擺地攤的，做點小生意混一口飯吃，我們都因詩創作，而擁有一片詩國天空，我們的人生因此而不一樣！

要擺地攤做生意，又要寫詩當詩人，還要編詩刊，這是怎樣的生活模式，我想杜甫、王學忠和海青青應該是相去不遠。把白天市場的吵鬧推開，就在倉庫裡把布堆成一張桌面，趴在布堆上寫詩，趴在布堆上濶張了他的想像力，鮮活的詩意便是倉庫裡跳動……或在運貨的半路上想到好詩句，趕快停車取筆記下，王學忠常這樣寫詩，海青青也是。

而杜甫落難到漁市場擺地攤時，恰好碰到難友李龜年，悲從中來，留下一首不朽名詩：

岐王宅裏尋常見，崔九堂前幾度聞；
正是江南好風景，落花時節又逢君。

——〈江南逢李龜年〉

為什麼詩人盡自地攤上產出？是否一句「窮而後工」可以解釋？擺地攤做生意為的是生活，人總要生活，維持人的基本生存。但詩人另有更大的需要，那是形而上的，超越飲食男女，屬於生命的境界，並企圖和更大的世界（人民、國家、宇宙）接心，你不相信嗎？

之二：攤位上，一個年輕老板的夢

七月的炎熱是一張細密的網。
你最終也沒有逃出堅強，
枕著那本新買的《楚辭》，

很快就把夢交給了網

午後的市場上一片生意後的安靜，
不遠的田野上飄來了蟬的悠揚。
夢在這片悶熱的難得的安靜上，
是否長出了喚禮①聲聲的故鄉？

晒了一天的水泥板一定很熱很燙吧！
你翻來覆去的像鏊子上的薄餅一張。
清香的詩卷從攤位上掉下來，飄出
幾朵書寫得整整齊齊的理想。

那個歷經滄桑感情淡化的計算機，
在攤位上露出一抹驚訝的目光……

之一、之二兩首原載《詩刊》二千年五月號

註①：喚禮，禮拜前，阿訇在清真寺向穆民發出的禮拜之呼喚。

擺地攤，一擺就是一整天，很無聊（因為我擺過），通常生意不會太好，由其文人（詩人、作家）不是做生意的料子，生意做不大也做不好。想當年，杜甫擺地攤生意也不好，不久潦倒飢寒而卒，若地攤生意好，詩聖何以至此悲慘結局？

但王學忠、海青青相信是比杜甫會做生意，且時代背景不同，杜甫處於亂世（安史之亂），而王、海二人正處於吾國崛起，經濟繁榮之世。

在這時節，一面擺著地攤，一面建構著詩人的理想國。七月的炎熱是一張細密的網，寫詩的情緒還是會突破網子的管控，午後片刻的寧靜，有蟬的悠揚，有「喚禮」的呼喚，這些都是醞釀詩的過程，表示詩人在這午後將有詩要誕生了。

擺了一天地攤，也在水泥板上晒了一天太陽，他形容自己快被煎成一張薄餅，這是詩語言的夸飾，表示很疲倦了。至少攤位上有清香的詩卷，飄出詩人的理想。這麼沉悶的環境，還能寫詩嗎？最後兩行是神來之筆，連老舊的計算機也感驚訝！

之三：鏡子

商海把你鑄成一尊凜凜鐵漢！
鏡子映出你脆弱的一面。
處處躲避炯炯的鏡子，
其實，是在躲避自己的今天。

鏡子裡不再是那一朵露珠搖顫、
紅艷雨滴的花瓣；
鏡子裡不再是那一節清新秀美、
剛健挺拔的詩篇。
冷冷的鏡子，冷冷的鏡子呵，
是

一支含在旅人長笛裡沒有吹出來的慢郁，

一顆噙在眼裡、淹沒在沉默裡的期盼，
一株被黑夜蓄了很久的快要綻放的黎明，
一封寄給明天的還沒有到達的信件。

一九九六年三月十一日

〈鏡子〉在說什麼？「鏡子」是什麼？鏡子是一切，俗話說「吃一次虧學一次乖」，那次的「吃虧」就是鏡子。當然，有的人不論吃了多少虧、上了多少當，還是學不乖，得不到經驗，因為看不到一片「隱形鏡子」。有一則新聞，一個人被詐騙集團騙了十次，還不相信對方是騙子，被騙走了二千多萬台幣，這些都是極為愚笨的人。聰明有智慧的人，懂得「站在巨人肩上」，所有成功的大師和失敗的案例，別人成敗慘痛的事件，都是一面鏡子，智者透過這些鏡子成為「先知」。

詩人海青青在商海裡打拼，把自己煅煉成一個鐵漢！也透過很多鏡子照映出自己的脆弱面。人皆不願意面對自己的弱點，所以要躲避自己，這是一種人生的掙扎。

有人說商場混久了，「人味」越來越少，滿身都是「銅臭味」，是這樣嗎？詩人有此顧慮；詩人回憶不久前，自己潔白純淨如一粒露珠，像雨後紅艷的花朵，或許還是清新秀美的文藝青年。現在呢？冷冷的鏡子在說什麼？鏡中人還有多少詩人的「詩味」？

這首詩的末四句很有意境，表達了「詩人」和「商人」之間的角色扮演，有顧慮、有期待，自己也很有信心，**「一株被黑夜蓄了很久的快要綻放的黎明」**；不論身為商人或詩人？黎明就快到了，很快大放光明，這一句是高明的詩語言。「蓄」是花蕾、蓓蕾，含苞未放也，這是當名詞用，當動詞也可以，表示折磨之意，無論如何？天快亮了！明天到達的信件正是這個好消息。

整體來賞讀自畫像三組詩，這是海青青世界的縮影。看到一個詩人，一個當代中國年輕一代的文學創作者，除了堅持他對文學的愛好，也要面臨的生活壓力，他是擺攤的，每日要出攤工作，利用擺攤的生意空閒，創作詩文。再者，另外經營一個《牡丹園》詩刊，竟也維持到明年的十周年，這種精神，兩岸文壇詩界，怎能不給他最大的精神加盟？

〈電話〉、〈想見你的心情〉，她是誰？

一首詩隱含一個故事，〈電話〉這首詩有故事內涵，有寬廣的想像空間，也有一些空靈的世界，供讀者去「假設」，進而去「自由心證」。

詩的主角「假設」就是詩人自己，通常也是詩人海青青。一個男人，一生除了母親之外，必然會牽掛一個他的心上人，那是他的情人，只有情人會讓男人「支支吾吾地說不清」。先賞讀〈電話〉一詩。

好像沒有什麼事情
晚飯後，我被突然出現的
小樓春月約了出來。
街上只有我和春風。

路過電話亭，
我才驀然想起了你，
好久心兒未貼在一起了，
思念也未郵寄了……

你問我有什麼事情？
我支支吾吾地說不清……
像新月升起在廣漠，
一湖月色無法平靜……

就在你擱下電話，
我才想起要對你說，
在這冷冷的小鎮上，
我只想聽聽你的聲音……

一九九六年四月廿一日，原載上海《新聲詩頁》，二〇〇七年冬季號。

第一段好像事出突然，其實非也，那只是要營造一個「情節落差」，是佈局上的技巧，故說突然被「小樓春月」約了出來。詩人寂寞，本來就想出來散步，利用機會打個電話。「街上只有我和春風」，更突顯了詩人內心的寂寞，這節詩語言用的很美，意象很鮮活，當成一則故事的序曲，有引人入勝的作用，讀者想要知道，這主角接下來要做什麼？

果然，第二段掀起故事的小高潮，「好久心兒未貼在一起了」，這肯定不是男人對母親說的話，通常也不是對老婆，而是對一個「夢中情人」。但這個夢中情人大概只是「舊情人」，或關係處於「灰色地帶」，所以「思念也未郵寄了」，已沒有「情書」往來了。所以第三段講話時，才支支吾吾地說不清，男人想說或想示愛，就是開不了口，最後男人在掛了電話，恢復平靜心思，才想到不過是想聽聽她的聲音而已。

〈電話〉詩中隱含一則男人的故事，男人的一生會牽念著的一個女人，這個女人不是他母親，不是他老婆，但對目前的生活沒有太大影響，對婚姻沒有任何「威脅」連通信也沒有了。但男人還是會想她，或想聽聽她的聲音，這是詩中的故事。同樣是男人的故事，是〈想念你的心情〉一詩：

49 〈電話〉、〈想見你的心情〉，她是誰？

想念你的心情
壓也壓不住。
就讓它長吧，
參天的大樹！

想見你的心情。
攔也攔不住。
就讓它飛吧，
陽春的鷓鴣！

想見你的心情。
關也關不住。
就讓它鬧吧，
燃燒的紅櫻粟！

想念你的心情
鬧也鬧不住。
就讓它瀉吧，
喘急的瀑布！

想念你的心情
它就是一塊鐘。
停也停不住，
分分秒秒讀！

一九九八年八月五日原載上海《新聲詩歌》，二〇〇九年元月總第三期。

一連五個「想念你的心情」，表示思念的急迫感，相思的刻骨。到底想見誰？不是父母、不是兄妹、不是老婆，都不像是，那就是男人的「夢中情人」了；再者，「夢中情人通常在那遙遠的地方，不是說見就見的，也不會產生急迫感。是故，剩下「情人」，兩人相距不遠，可能戀情正在升溫，才有想要見面的急迫感，這種年輕時代的戀愛經驗，我深深體驗過，故我能這樣解讀這首詩。

每一段都在強調這種心情的急迫感，壓不住、關不住、鬧不住，只好任由心情去發展，故事不一定有結局，只是心情書寫。到底詩人想見誰？留給大家想像！

詩人是最俱真性情的物種，也是最多情、最敏感的人種。詩人從枯燥乏味的生活中，提煉出詩品，兩性關係有很多「問題」，詩人掏沙石、去荒蕪、除雜穢，留下的叫情詩。

〈漂泊的佳節〉，詩人的一年

在異鄉漂泊的人，各種節慶免不了有一種複雜的心情，故古來有「每逢佳節倍思親」的心情。海青青始終在異鄉飄泊、工作、生活，他的節日有更多鄉愁，但從這些節日詩，也可以看到詩人這一年在幹啥！也等於看詩人一年生活的縮影。以下就來賞讀詩人的每一個佳節。

「五・一」勞動節

放的是別人的假。
我和同行們
依然在市場上生意。

妻臉上的春寒，
未因節日
被初夏的陽光融去……

首先詩人點出「放的是別人的假」，奇妙的詩語言，有淡淡的悲情，全國都放假，詩人還在幹活。妻臉上的春寒尚未被陽光融去，這是一種詩語言的夸飾，夫妻小倆口真的很辛苦，從這個勞動節他們仍在勞動著，也見小老百姓生活的不容易。

端午節

又一個端午走來，
從路邊小販們的吆喝聲裡，
從一捆捆的粽香裡……
學著包幾個節日快樂，
讓枯燥的日子逸出清馨，

在異鄉已是奢侈。

改革已深入到農曆。
比如，嚼一把記憶
就權當過了節日。

這是我們中國人懷念愛國詩人屈原的日子，也是詩人節，有很多民俗活動，是中國民間重要節日。詩人沒有說今天要幹活做生意，但詩語言已暗示端午節也沒清閒，**「學著包幾個節日快樂／讓枯燥的日子逸出清馨／在異鄉已是奢侈」**。表示今天也得幹活，但「改革已深入到農曆」，不很明確，似乎指大陸現在重視傳統文化。

如果我記憶不錯，大陸在文革時（含之前），所有代表中華傳統文化的節日（清明、端午、中秋），全部被廢除，認為那些是封建餘毒。那時，中國人不是瘋了，就是死了、睡了；現在，終於好了、活了、醒了！

中秋節

誰把我心上的月亮
當成了月餅月缺了？

一把鋒利的鄉愁，
擱到哪兒不傷人？

這是中國人的團圓日，詩人卻很傷情，這節日不好過。外面的月亮是圓的，內心的月亮是缺的，鄉愁是一把鋒利的刀，專傷異鄉人。以「一把鋒利」形容鄉愁，可見這鄉愁是刻骨入心的，這是異鄉人的「個殊性」；而**「擱在哪兒不傷人？」**是普遍性，只要是異鄉人、漂泊者，都要受到鄉愁之傷，只有「傷勢」輕重不同而已。賞讀〈重陽節〉。

重陽節

九月菊的清香
隨妻的笑聲
飄到小鎮。

妻說，
母親的病徹底好了。
霎那間，
我又回了趟故鄉！

這裡有印刷上的失誤，兩詩印在一起，好在詩人有自行修正，不然語意「脫節」。這詩的重點在第二段，只聽妻說母親病好，霎那間詩人也回到故鄉，那是一種精神、心靈的感覺，暗示詩人對故鄉的渴望。

父親節

忘了給鄉下的父親寄錢，
也未收到女兒
甜甜的歌聲。

當了兒子又當爹，
希望和失望輪番上映。
詩裡的秋深了……

身為父親，在父親節若連兒女一句祝福也沒有，不論看得多開，多能放下，還是會有些失望的。詩裡的秋深了，其實秋深在心裡，嚴重時春天也成深秋。反躬詩人自身，也是人子，忘了給老父寄錢，是否有一通電話或信件，向父親請安祝福？

元旦節

又一聲悲嘆
在命運裡回蕩；
又一年生涯
在人生裡開展。

感覺和往日
沒有什麼不一樣！
白天在市場上做生意，
晚上用詩句放飛希望。

前一首〈流淚的元旦〉，寫於一九九五年元旦，這首〈元旦節〉按詩人記述應是一九九七年元旦。兩個元旦都不好過，這首詩有散文化現像，最後一句讓這首詩成為「詩」，這是從技巧上說。從內涵上，體現詩人白天工作的辛苦，生活一層不變，每天要擺地攤做生意，確是又一聲悲嘆，好在晚上詩的世界找到希望。

聖誕節

從陌生人嘴裡
傳來的聖誕節，
雪花般了無痕迹。

出了郵局，
突來的大霧
瀰漫了歸路……

從陌生人嘴裡得知，表示詩人每天忙於生意，那有「美國時間」想到聖誕節，再者聖誕節對詩人是「無感」的，詩人是回教徒，各宗教各有節慶，我是佛教徒過佛誕節。

這首詩第一段平實，第二段較有想像空間，大霧瀰漫歸路也許是實境，也可以詮釋成找不到回故鄉的路，人生只得再漂泊下去。

春節

七位數電話號碼
又短又長

短，幾秒鐘
即可回到故鄉

長，咋對母親講，
今年要在他鄉春節

這首三段六行小詩，我認為是各組詩中最好的。首先從結構看很完整，佈局精簡，長短產生了強烈對比。再者是想像和創意很獨特，同是七個數字，有不同的結局思維，希望「實現」（回故鄉）和失望（他鄉過年）。最後是感情上的表達，又要對母親講春節不回家，電話就顯得又長又重，很成功的一首小詩。

燈節

房東家門前的大紅燈籠
點亮了小鎮的燈節。
我的那盞
還掛在鄉下的大門樓上，
映照著母親的白髮、
我的童年……

一九九七年十月四日與十二月二十六日

九首組詩，幾乎每一首都有濃濃的鄉愁，這是身為異鄉人的「特產」。台灣最能寫鄉愁、寫得最好，是詩人余光中，因為離鄉半世紀，相隔千百里，而親人不能相見，思念化成一首首感人好詩。是故，我得出一個「公式」，離故鄉愈久愈遠，鄉愁愈濃，思鄉愈苦，愈能創作出經典作品。此謂「窮而後工」，請詩人們參用！

〈月下出攤〉，眞實的生意人生

我已有幾十年不逛夜市，倒是常與妻到傳統市場或黃昏市場買菜購物。傳統市場和現代超市有不一樣的味道，常逛的人就知道，你經過一個攤位，佇足片刻看貨，偶與擺攤的老闆交談，很容易感受到小生意人的生活滄桑。〈月下出攤〉請君聞聞「味道」。

夢裡恰故鄉，
棚外一陣響。
細聽是張嫂，
正為出攤忙。

鯉魚一樣跳出被，

跳不出商海淒涼。
商情風雲變幻，
怎敢留戀被窩兒春光！

每天就是這樣生活，
日子寒來暑往。
青春也在商海中憔悴，
為的是攥住明天希望！

市場上人影攢動，
凛凛朔風似刀光。
只爭朝夕的同行們，
忘了寒月正掛在天上！

一九九八年十二月十一日，原載河南《牡丹園》詩刊，二〇〇七年十一月「白鶴臥雪號」，總第七期。

第一段是個引子，所謂夢裡「恰」故鄉，可能是大陸習慣用語，正在夢中神遊故鄉吧！第二段**「鯉魚一樣跳出被」**意象很鮮活，**「跳不出商海淒涼」**過於悲情，整段的心情太沉重。前面幾首描述出攤、擺攤做生意的詩，也都很悲情，顯示詩人做這份工作是不得已的，有點痛苦。我覺得即然「下海」，而且是每天的工作，不如從中找尋樂趣，快樂當個生意人。吾國大唐時代有一個得道的修行人，名叫大梅法常，以〈枯木〉一詩，勉勵人要當下肯定自己，才能安住身心。

摧殘枯木倚寒林，幾度逢春不變心；
樵客遇之猶不顧，郢人那得苦追尋。

枯木孤立寒林裡，安於蕭瑟枯黃，不羨慕春天，樵夫看見枯木，也不想動它，郢人木匠也不想要朽壞的枯木。詩意暗示人們不要「此山望見彼山高、到了彼山沒柴燒」，明白說叫人不要羨慕榮華富貴，要在當下肯定自己，肯定自己的工作和團體，才能得以安身立命。另有一首古德的詩，提醒人要了解自己，把握現在，很有啟蒙效果，其詩的作者不詳，詩曰：

一天風月流空界，隔嶺鐘魚應海潮；

江月不隨流水去，天風直送海濤來。

「一天風月流空界」，凸顯宇宙永恆而人間短暫，真是「萬里晴空，一朝風月」。故吾人常言「人生苦短」，更須要快樂過好每一天。

「隔嶺鐘魚應海潮」，隔山傳來隱隱鐘聲和木魚聲，與海潮相應。人生的「相應」很重要，相應才能調和，才易於成功。例如，我們要能力和所做的事相應，知識和事業相應，行為舉止和道德相應，志趣態度和眾人（團體）相應，何事不能成功？

「江月不隨流水去」，暗示人要把握自己，不要像流水，到處漂流而忘失自己，這要從了解自己開始，你到底「需要」什麼？

「天風直送海濤來」，海濤不是自己來，是天風送它來。暗示人只要「條件」具備，他的「想要」自然就會有了。例如，已具備當教授條件，機會來了就是教授；已具備高薪條件，自然有人請你去就高位領高薪。所以，讀者客倌，你具備了什麼條件？

詩人「每天就是這樣生活／日子寒來暑往」，生活似乎缺少變化。但從另一角度看，生活安定固定，有利於文學創作，而「青春也在商海中憔悴」，何不讓人生在商海中煅煉昇華？

〈夢雪〉、〈北方〉、〈痴夢〉

中國詩和中國畫與西方詩畫最大的差別，也是最大的特色，就是意境。現代詩雖不同於傳統詩詞，那只是形式不同，依然是中國詩的傳承，而不是西洋詩的「移植」，兩岸的中國詩人對此是有共識的。是故，現代詩不能沒有意境，失去意境幾乎失去「中國味」。

一首詩的意境表現於多方面，如寫人、寫事、寫家、寫景、寫鄉愁。但有時並無指涉任何人事物，而是保留一個「空」，如詩畫中的空白或空靈，讓意境產生一種無限，可以極大化增強審美效果和無限想像空間。

在海青青這本《夢裡不知身是客》詩集，我從意境論檢視，我舉三首有極大空靈審美效果和無限想像空間的短詩。

夢雪

真想
讓冬天把我堆成
雪人。

感受
讓陽光把我融化的
滋味……

一九九九年元月十三日，原載江蘇《揚子江》詩刊，二〇〇一年五—六月，第三期。

空靈詩作不適宜做解釋，亦不以感官去認識。所以詩人為什麼想讓冬天把他堆成雪人？再要陽光融化他？有千百個答案，說不明白，講不清楚。我們只能用「心」欣賞，那些文字是畫的著色部份，文字以外是畫的空白部份，那空白和空靈是什麼？欣賞者（讀詩者）有權「自由心證」，從自己的欣賞角度出發。

現在欣賞〈夢雪〉，裡面定是藏有秘密心事，感受讓陽光融化，陽光來自何方？陽光又是誰？世上只有愛能把人「融化」。另一首〈北方〉，應也有一則故事：

北方

我望著明月，
明月望著水鄉。

我知道，
有一雙眼睛望著我，
在遙遠的北方……

二〇〇一年十月四日

明月和中國詩人有「血緣關係」，自古以來所有吾國的文人、作家、詩人，不論寫傳統或現代作品，無不寫明月，一輩子的作品必有明月。（我的應然判斷）。所有「舉頭望明月」的詩，不外思故鄉及親人，或朋友、知音、情人等等，表達一種鄉愁情緒。

這首〈北方〉的空間也大，北方有一雙眼睛望著詩人，那是誰呀？只有詩人知道，讀者可以自由想像。就詩意看〈北方〉，「明月、眼睛」意象鮮活，是結構嚴謹的迷你小詩。再欣賞另一首〈痴夢〉。

痴夢

一場痴夢？
痴夢也絕不放棄！
哪怕輪回飛蛾的命運……

那騰飛的火焰，
是我為你綻放的
最後一眼美麗！

二〇〇六年七月二十四日，原載上海《詩迷報》，二〇〇七年元月九日，總第一〇六期。

詩人是最愛做夢、最敢做夢的人種，其所做大多痴夢，在筆尖在夢中織一織罷了，雖如是，還是執著於痴夢。如這首詩，永不放棄痴夢，哪怕輪迴飛蛾的命運，犧牲生命也願意。詩中也隱藏一則故事，到底為誰痴夢？為何痴夢？有很寬廣的空靈空間，二段六行，由飛蛾、火焰等意象組成，構築一座迷你圖像，呈現一種想像的意境，是成功的小詩。

按我個人研究心得，有空靈美感的詩，應以十行以下小詩最佳。其原因有：㈠文字太多，壓縮空靈空間，壓縮讀者的想像空間，故使用文字愈少愈好；㈡文字本身就是一種「障礙」，「文字」和「空靈」是「敵人」，文字多了會障礙空靈，「謀殺」空靈，故少用文字；㈢空靈美感是一種「虛的存在」，不以感官、知覺去把握，而是一種心領神會，所謂「水月鏡光、人外之人、言外之言」是也，司空圖把這種文字以外的空靈、虛象，稱為「象外之象」、「景外之景」。綜合這三點，我個人的領悟心得，空靈美感的詩作，類似禪宗的「不立文字」說，雖說不立文字，仍有經典，只是叫人不要著相，不要被文字所障礙，才能心領神悟。

本文所舉海青青的三首空靈意境小詩，〈夢雪〉、〈北方〉、〈痴夢〉，各有故事，各有意境，共同的特色是空靈美感，想像空間很大。讀者、看倌，你以為呢？那一首最空？那一首最靈？

一個每天在商海浮沉、在地攤做生意的詩人，能有這麼「純淨」的詩創作，極難能可貴。生活本身就是一種修行、一種煅煉，希望海青青好好利用中國詩壇，不斷自我煅煉。

〈獨山拾趣〉和〈江南小夜曲〉的靜謐

寫環境、景物的「幽靜」、「靜謐」不易表現，最主要是要寫得自然，其次是常被誤認「隔絕外界」才是安靜、幽靜，這個層次是很低的，因為隔絕外界違反人性，將會造成生理、心理和精神上的疾病，讓人心神更加徬徨、更顯不安，得不到安靜。

正常、自然的幽靜、靜謐，是指「身、心、靈」三者同時達到自在恬靜的狀態，此時人的身心靈和外界環境，得到和諧平衡的交流，人與大自然萬物冥合的意境。歷代詩人如是寫「靜」的名家如：

晉・陶淵明〈歸園田居〉：「狗吠深巷中，雞鳴桑樹顛」。

南朝・王籍〈入若耶溪〉：「蟬噪林逾靜，鳥鳴山更幽」。

唐・杜甫〈題張氏隱居〉：「春山無伴獨相求，伐木丁丁山更幽」。

唐・王維〈鹿柴〉：「空山不見人，但聞人語響」。

另有融合動靜、視覺、聽覺，表達一種渾然靜謐的意境，如唐代賈島〈提李凝幽居〉名句：「鳥宿池邊樹，僧敲月下門。」亦是寫「靜」的心靈世界好手。古今寫靜的詩總有蟬叫、蛙鳴，看海青青怎樣寫靜，賞讀〈獨山拾趣〉一詩。

滿山蟬鳴，
幽靜了黃昏。

山外青山，
滾幾聲清雷。

我咳嗽了一聲，
嚇了自己一跳——

會不會把幽靜嚇跑？
小山震平？

一九九七年七月十六日，原載河南《莽原》，一九九八年八月第五期，總第九十八期。

第一、二段，已算充分表達「幽靜」的意境，而第三句可謂靜之極，咳嗽聲都能把自己嚇一跳，真是太安靜了。第四段則是奇絕的創意，會不會把幽靜嚇跑？把小山震平？也可以詮釋成帶來不安靜，幽靜跑了，還有幽靜嗎？小山震平了，更不安寧。下面的〈江南小夜曲〉（組詩），描寫江南小山村晚上的安靜。

一

夜色，
一只巨大的鳥，
落在水鄉。

在黑色翅膀下，
小山村抱著蛙鳴
睡了。

夢囈的魚兒
三聲，
兩聲……

二

沒有月亮的晚上，
我愛凝望
對岸燈火……

真想把它們從河裡
接出來裝進瓶裡，

夜夜照我……

三

住在運河邊，
我總是夢裡時，
小樓前，
那橋上的
晚歸的喇叭聲
把我驚醒……

枕著水鄉的寧靜，
小山村的蛙鳴，
我從不生氣，
更加感動——
水鄉人的勤勞

彈奏出的夜曲！

一九九七年七月十日，原載河南《莽原》，一九九八年第五期，總第九十八期。

〈江南小夜曲〉，三組詩是三種不同的靜。第一組詩是靜態的靜，詩中有兩種真實的動物，蛙鳴和魚兒的夢囈，「巨大的鳥」是比喻虛構，比喻黑夜，故有「黑色的翅膀」，夜鳥拖著蛙鳴睡了，很有創意，魚兒的夢話也是製造夜晚的安靜氣氛，寫靜態的靜很成功。

第二組詩寫主觀世界的靜，在河邊望對岸燈火，這也通常是安靜的夜晚，詩人寂寞，到河岸走走，享受一個寧靜的夜晚。真想把河裡燈火打撈起來，夜夜享用，詩人期待每天都有寧靜的夜晚。

第三組詩是客觀世界的靜，詩人在小山村生活，運河邊人吵雜，詩人能否保有內心的安靜？他在夢中被喇叭聲驚醒，還能枕著水鄉的寧靜入夢嗎？這是比較難的，因為「我從不生氣」詩句，已經包含了「生氣」。

詩中的「靜謐」本來就不好表現，前面提過關鍵在「自然」二字，惟有了「表現」

已落於不自然。南朝的王籍以「鳥鳴山更幽」，表達清新幽靜感，但宋代王安石刻意逆向操作，〈鍾山即事〉企圖營造全然寂靜。

澗水無聲繞竹流，竹西花草弄春柔。
茅簷相對終無事，一鳥不鳴山更幽。

王安石這首詩是否表現了幽靜？歷史上評價說違反人性、自然，確是，澗水繞竹流怎沒水聲？鳥在山林都不叫嗎？清代顧嗣立在《寒廳詩話》評說：「一鳥不鳴山更幽，直是死句。」到底王安石是故意「造反」？或真的寫不好？

至少從各詩家寫「静」來觀察，真正的靜謐、幽靜，不是絕對無聲，更非與外界隔絕，而是身心靈與自然的結合，得到的清心自在感，才是和諧幽靜。海青青這兩首「靜」詩，是否自然？是否真靜？就讓更多讀者來評。

〈旅館〉、〈月之戀〉和余光中〈鄉愁〉

海青青這本《夢裡不知身是客》，寫的都是鄉愁，濃得化不開的鄉愁情懷，重得快要載不動的一船鄉愁詩。鄉愁，也是中國人的「特產」，你知道否？

台灣著名的詩評家蕭蕭，在《現代縱橫詩觀》（台北，文史哲出版，民89年二月）談鄉愁說，「鄉」是中國詩的原發地，「鄉」是中國詩壯大的根鬚。中國人有堅定的「鄉」之意識，是一種不忘本的真情內涵，當全世界的人都在尋根熱的時候，中國人不必尋根，中國人篤定知道自己的根在哪裡！代代相傳，在家譜、族譜、地方誌之中。

創作鄉愁的詩人，必是遠離故鄉的人。但程度有別，最「嚴重」者，是孟子所說的「孤臣孽子」，「唯孤臣孽子，其操心也危，其慮患也深。」。是故，一九四九年前後來台灣的詩人，其鄉愁詩的沉重，絕對超過大陸任何寫鄉愁的詩人。本文也抄錄余光中的〈鄉愁〉，和海青青的鄉愁比較欣賞，先讀海青青的〈旅館〉一詩。

秋後的風
已是江南的風，
黃葉瑟瑟，
落一水鄉淒清；

秋後的雨
也是小鎮的雨，
點點縷縷，
織一小鎮慢郁；

秋後的冷
更是我的冷，最冷的
是那懷心情……

能抵御這層風雨的，
不是我寄宿的這座江南小樓；
能融化悲哀的，
不是小鎮暖暖的天空。

是每夜，
每夜從我六弦琴上
飄來的　故鄉的歌聲……

一九九五年十月十七日

離開故鄉很久了，始終在異鄉打拼生活，經常在各地作生意，常要住旅館，海青青的鄉愁是一種「普遍性的存在」。〈旅館〉以秋為背景，秋風、秋雨、秋冷，都是秋的意象。秋天暗示憂愁、蕭索、悲傷等氣象，如秋瑾女俠「秋風秋雨愁煞人」最嚴重，〈旅館〉一詩的鄉愁並非秋天的蕭索之愁，詩人在春夏及冬季也有很多鄉愁，詩人在這詩中不過是向秋天「借景」一用。

證據在第四段，能抗拒秋風秋雨的不是這座江南小樓，能融化悲哀的不是小鎮的暖空，而是結尾故鄉飄來的歌聲，只有故鄉的歌可以安慰思鄉之情。離鄉半世紀，余光中的〈鄉愁〉又怎樣？

小時候
鄉愁是一枚小小的郵票
我在這頭
母親在那頭

長大後
鄉愁是一張窄窄的船票
我在這頭
新娘在那頭

後來呀

鄉愁是一方矮矮的墳墓
我在外頭
母親在裡頭

而現在
鄉愁是一灣淺淺的海峽
我在這頭
大陸在那頭

六一、一、廿一

余光中這首〈鄉愁〉應是國共內戰後，所有從大陸來台灣的詩人中，書寫鄉愁的代表作品，其名氣也最高，原因是中共從江澤民主席開始，大概每任主席都吟過這首詩。此詩淺白易懂，而詩意很深，從個人到親情，上升到對兩岸親情、國家民族之情的喚醒，深受兩岸詩人喜愛的一首詩，一輩子「流亡」台灣的詩人們，讀起來內心更是沉重。很多老兵（含詩人）在開放後回到大陸，才知父母已亡故，只有去跪在墳前痛哭，痛哭自己的不孝，竟連父母死了還不知道，這是誰造成的？

兩岸的愛恨情仇至今仍在糾纏，乃至無解，余光中的〈鄉愁〉除鄉愁以外，相信也看到這則難題的「窺豹一斑」，不是嗎？再賞讀海青青〈月之戀〉一詩。

圓圓缺缺的月，
其實
是一句圓圓缺缺的話。

圓圓缺缺的話
只有
浪迹天涯的人才懂它。

圓是思念，
缺是牽掛，
沒有月亮的晚上

是一闋無言獨對心靈的詩呵。

今夜，
月涼如水，
我的淚
流向天涯，
冰冷成點點霜花……

一九九七年十月二十日，原載河南《洛陽消費》，一九九八年六月十七日；河南《莽原》一九九八年第五期，總第九十八期。

這首詩在詩語言的應用、想像力的發揮，也是成功的，把月之圓缺想像成話語的圓缺，而且只有異鄉人能懂。最後三句**「我的淚／流向天涯／冰冷成點點霜花……」**，是很大的誇飾，不下於「白髮三千丈」，比喻思鄉之情已成病。

比較余光中和海青青的鄉愁，前者從個人親情提升到國家民族的層次；後者在個人，再到家族的鄉愁，二者同樣感人，而層次不同。詩人如果要向「偉大」邁進，必須把詩寫情懷上升到國家、民族、社會、人民的層次，與海青青共勉之。

〈流淚的吉他〉和李商隱的〈淚〉

詩語言的運用技巧上（不論傳統詩或現代詩），也許有千百種，每個詩人都不同。但其中有一種許多詩人都在用，是主題和內容不要有詞字的重複，如詩題是〈愛人〉，內文不要再出現「愛人」二字，這只是原則，也有很多的例外。

至少主題和內容沒有重複詞字，被公認是寫好一首詩的原則，詩的好壞當然更多在內涵。針對此項原則，我發現海青青的〈流淚的吉他〉和李商隱〈淚〉，有同工之妙趣，故用來比較賞讀。先讀李商隱的〈淚〉。

永巷長年怨綺羅，離情終日思風波。
湘江竹上痕無限，峴首碑前酒幾多？
人去紫臺秋入塞，兵殘楚帳夜聞歌。

朝來灞水橋邊問，未抵青袍送玉珂。

此詩題〈淚〉，內文無一「淚」字，前六句是六個典故，性質各不同的事件，等於是六件事、六個意象、六種淚。但前六句都只是陪襯的，最後兩句才是詩的本旨。這六個典故一般人不易了解，先簡說之。

第一句寫宮人失寵，「永巷」是漢朝宮中對有罪或失寵的宮女嬪妃幽禁之處，「怨綺羅」即綺羅（指宮女）之怨。

第二句寫離情，「思風波」指居於家者思念在外的親人，或在外征戰的男人；返之，在外者思念在家者，也都是思風波。

第三句是娥皇女英的故事。相傳舜南巡時，死於蒼梧，舜之二妃娥皇和女英趕至，慟哭於湘江畔，悲痛的淚水滴在竹上，留下斑斑痕迹。

第四句寫羊祜事。按《晉書・羊祜傳》所述，西晉羊祜鎮守襄陽，勤政愛民，死後百姓在峴山建廟立碑，望碑者無不掉淚！

第五句是王昭君的故事。「紫臺」就是宮廷，漢元帝和匈奴聯姻，王昭君被遣嫁匈奴，杜甫在〈咏懷古迹五首〉之三，有「一去紫臺連朔漢」句。

第六句是項羽兵敗的故事。按《漢書・項羽傳》記載：「項羽被劉邦圍在垓下，兵少食盡，夜聞漢軍皆楚歌，乃驚起，飲帳中，悲歌慷慨，泣下數行。」

六個不同典故涵著詩題「淚」字，首句宮女失寵之淚，次是閨婦思夫之淚，三是親人傷逝之淚，四是百姓懷德之淚，五是佳人身陷異域之淚，六是英雄末路之淚。六種淚讓典故有了可感性和生動性，把讀者引入更上一層感傷審美的意境，惟這首詩之靈魂在末兩句。

末兩句意謂：早晨，我來到灞水橋邊，詢問那不舍晝夜流逝的河水，才知道前面那六件人間傷心事，哪裡比得上青袍寒士忍辱飲恨，陪送玉珂貴人的痛苦啊！為何？因為迎送貴人，必須強顏歡笑，這才是有志之士的痛苦，淚水只能往肚裡流，這不是更難堪於以上六種淚嗎？

李商隱用了「假事為詞」技巧，以六句鋪墊陪襯，結尾兩句結出本旨，全詩文中沒有一個「淚」字，我讀海青青〈流淚的吉他〉組詩，詩文中也沒有一個「淚」字，但吉他有六弦，他為何只有五弦？是否詩人故意製造人生有「缺」？不得而知，賞讀他的詩。

弦一　沉浮

在寂寞上
一天天地
航行……

直擔心——
有一天，我這只船
會翻！

人生「翻了船」，確實可怕，歷史上的翻船大事件，鐵達尼號、太平輪，千百人的生命瞬間結束，多少家人親朋痛苦流淚，那是無常。人生也如戰場，如大海行船，一不小心也會翻船。詩人所擔心的，不是這些事件的發生，那是什麼？生意失敗、感情出軌、依靠的公司結束營業……都有可能，就留給讀者去想像。從詩藝內涵看，這首小詩有很大的張力，人生沉沉浮浮，萬一翻船了……正符合詩題「淚」。

弦一　初戀

總是
不知不覺地開始，
又
不知不覺地結束。

一個故事，
卻沒有結局。
一段記憶，
常瀲灩心湖！

初戀沒有結局也會流淚，有時因人而異，大多不會。但有的愛的太深而出現劇變，可能不止流淚，還會去跳海、跳樓等自己了結。這首小詩也算結構嚴謹，二段八行，只講開始和結束，其餘是「空靈」空間。

弦三　父母

離遠了，
你們的屋檐
就遮不住我的雨天。

然而，
放心——
我會學著撐開一把傘，
遮住你們的掛念……

這首詩在內涵上距「淚」較遠，第一段孩子長大要外出打拼，獨立奮鬥是好事。第二段叫父母「放心」，自己已能阻抗風雨，以傘遮住父母的掛念，便不應有淚，或許這是「成功之淚」嗎?亦有可能。

弦四　市場上

趕海的人很多很多，
回到岸上的人卻很少很少……

市場上很多人「滅頂」，當然是慘！台灣在口語運用上，把進入一種激烈競爭的行業，謂之「下海」，女人到舞廳上班也叫「下海」。可見「下海」都是一種生活的挑戰，下海必有成敗，甚至面臨生死。大陸詩人所言「趕海」，是否就是台灣說的「下海」？按次題〈市場上〉看，這兩個名詞應可通用。很精妙的兩行詩，市場上的慘敗，確實是讓人要揮淚斬對手！

弦五　風景

藤蘿的花很明豔，
葉很翠綠，
而幾根舊籬笆，

將這首春天的詩，
分節的更加有致，
標點的更加豐麗！

以上組詩，原載四川《未來作家》，一九九四年第一期〈父母〉又載河南《未來》，一九九四年第三期。

這首詩合於〈風景〉詩題，卻不能直接回應大主題〈流淚的吉他〉，只有其他間接的可能。因為風景的內涵是喜悅的，明豔、翠綠和豐麗的意象，只有高興的淚，沒有悲傷的淚。

綜合檢討全部組詩，大主題是〈流淚的吉他〉，但「吉他」何在？各詩中沒有吉他意涵，只有把「人」想像成一把吉他。組詩雖各組獨立成詩，也還要回應大主題，才能在結構上維持完整。

本文舉李商隱和海青青同「淚」詩，進行比較欣賞，海青青當然未達李商隱的功力，但海青青已能把握此類「模式」，再加煅煉定有經典之作問世、上市，我等期待著。

海青青與徐志摩情詩比較欣賞

不同詩人的情詩比較欣賞，如同吃著不同產地的蘋果，味道各有不同，有甜有酸，有酸中帶甜，有清淡，有濃得化不開。各有各的味道，也看個人喜愛。

海青青不是寫情詩的能手，當然不能和徐志摩的情詩較高低，徐志摩是吾國百年來能寫出「真正的情詩」，號稱「情詩第一把手」。將二人情詩同台比較欣賞，只是讓讀者「吃」不同的味道。

海青青《夢裡不知身是客》詩集，有近百首詩，略有「情詩味」者如，〈織〉、〈靈魂是一把琴〉、〈想見你的心情〉、〈小山村〉、〈我愛你〉、〈唯一愛過的〉等，選三首與徐志摩情詩同台觀賞。先讀海青青的〈織〉一詩。

你在雨那邊，

我在雨這邊，
本該纏綿不盡的夜呵，
卻連一丁點兒的思念都沒有。

斷斷續續地飄著秋雨，
斷斷續續地想著心事兒，
斷斷續續地織著一個
斷斷續續的初秋的夢……

說是一夜未想你！
說是一夜未想你！
清晨起來梳頭，
卻掉了那麼多髮絲兒……

一九九二年，原載《中國當代詩人辭典》

這是一首典型的「兩地相思」情詩，詩意濃，情意也濃。結構上採三段論法，按否定↓相思事實↓否定的疑問↓事實肯定，確定是一夜相思，使頭髮掉了許多。

情詩的把握可以有很多主題切入，寫愛、性、情人肢體、模樣、相思……這首〈織〉表達的是一夜苦相思，這麼多「斷斷續續」表示整夜睡不著，想著心上人，苦啊！而織著織著，往往織成一張「網」，把自己困在情網中，一夜惘惘，也苦了髮絲兒……讀另一首〈靈魂是一把琴〉。

愛隨著你的纖纖玉指，
從我勃起的長髮，
躍過倔強的額頭，
在腳踝迂回。

在你多情如夜的懷裡，
我成了一把會唱歌的琴——
潮起著你的潮起，

沉醉著你的沉醉……

時光因了我的歌聲永恆，
小屋因了你的綻放愛情！
你長睫毛縫起的夢，
因了我而甜蜜輕靈！

啊，我靈魂是一把琴。
你不就是那撫琴的才人？
撫琴的人
最懂得琴的心！

寫於一九九四年，改于一九九五年十月六日，原載於四川《瀘州文藝》，一九九七年，二—三月合刊。

這是一首有濃厚性暗示的情詩。「性」也是情詩最原始的基本元素，兩性之間若沒有性的吸引力產生的想像，所謂「情人、情詩」都不存在，就算寫了情人情詩也是「科幻」。有人提過「柏拉圖式愛情」，其實是不存在的。人類的三種本質性（生物性、人性、神聖性），其中的生物性（有人叫獸性，我認為不好聽），除非已修成神、佛、聖的境界，否則不可能完全去除的。

第一段可以想像成情人間的相互愛撫，做愛的「前戲」。第二段很明顯的兩人緊抱纏綿，一起享受性愛高潮，兩人也同步沉醉，幸福啊！第三段歌頌兩人的愛情理想國，享受著甜蜜的愛情生活。第四段詩人比喻自己是一把琴，唱出的歌只有情人能懂，情人是知音兼紅粉知己。賞讀一首不是情詩的情詩〈小山村〉。

夜從山那邊
走來，
把小山村擁入懷。

慵懶的小山村，
伸了伸一束束光亮的手臂，

也未能把夜掙開。
夜，太多情了！
把小山村和她的夢
抱得更緊更緊……

二〇〇〇年十一月十二日，原載李一痕主編的《當代抒情短詩千首》，人民文學出版社。

〈小山村〉是針對自然景觀擬人化的書寫，故說不是情詩。但採用情詩手法，不僅詩意深刻，也有濃濃的情味和性暗示，合乎情詩書寫的要件，故說也是情詩。畢竟，兩性間的情愛，想像多於實況，尤其完美浪漫的愛情，可以說全是想像出來的科幻。徐志摩寫給陸小曼的情詩，多完美！多浪漫！是情詩中的經典，吾國百年來沒有任何詩人能寫出比徐志摩更美情詩。

然而，徐志摩和陸小曼的結合，根本就是一場災難！痛苦的災難！很多人說是陸小曼毀了徐志摩，到底是誰毀了誰？這已不重要了。重要的是徐志摩的情詩，寫出了最高境界：野、媚、俏。以下就來賞讀徐志摩的幾首情詩，讀者「吃」起來味道大大不同。

徐志摩的情詩，是唯美的，好似一隻蝴蝶美麗的翅膀。他的愛情，像蝴蝶飛舞花間，殷勤尋覓最甜最香的蜜汁。他的早夭，也如蝴蝶般短暫而絢爛的生命，留給後人最美的回憶。

胡適說的好，「徐志摩的人生觀只有三個：愛、自由、美。」他的情詩主要是寫給陸小曼，都在體現這三個夢。首先賞讀〈鯉跳〉一詩。

那天你走近一道小溪，
我說「我抱你過去，」你說「不；」
「那我總得攙你，」你又說「不。」
「你先過去，」你說，「這水多麗！」

「我願意做一尾魚，一支草，
在風光裡長，在風光裡睡，
收時起煩惱，再不用流淚；

現在看！我這錦鯉似的跳！」
一閃光艷，你已縱過了水；
腳點地時那輕，一身的笑，
像柳絲，腰那在俏麗的搖；
水波裡滿是鯉鱗的霞綺！

第一段是情人間的對話，多麼生動！多麼的心跳！接著把情人比喻成一尾魚、一枝草，在風光裡成長，在風光裡睡覺，暗示自由、解放，兩人從此沒有煩惱。第三段寫女人跳耀時的姿態，多媚，多可愛，一身的笑，腰在那俏麗的搖，這樣「致命的媚力」，想必足以吸納天下所有的男人。再賞讀最經典的〈別擰我，疼〉。

「別擰我，疼」……
你說，微鎖著眉心。

那「疼，」一個精圓的半吐，
在舌尖上溜——轉
一雙眼也在說話，
精光裡漾起
心泉的秘密。

夢
洒開了
輕紗的網。
「你在那裡？」
「讓我們死，」你說。

這首詩寫兩個情人不可告人的舉動（如房間裡），多野、多媚、多俏，多麼令人心跳。從情詩也可以看兩人「關係」的進展程度，徐志摩自從見到陸小曼（時兩人已是人妻人夫），驚震於小曼的美艷，展開如火如荼的情詩攻勢。一直寫到〈別擰我，疼〉時，他們的關係已非尋常，基本上已在牀上完成了「註冊」。

有人說戀愛是一種「酵母作用」，一切的情意表現，尤其達到藝術境界，酵母的功勞最大。也有人說戀愛是藝術的泉源，所以很多藝術創作者，情人一個一個換，只要戀愛的感覺淡了就換人，從世間現象觀察似有幾分道理。寫情詩的朋友們，你覺得你的情詩不到上乘境界嗎？是否太久沒換情人了？

徐志摩的情詩，在台灣、大陸都有，不難找到。有心要讀的朋友，跑一趟書店或圖書館定可取得。

本文賞讀兩種情詩，一是吾國洛陽的地攤詩人海青青，一是百年無出其右的情詩聖手徐志摩。讀者看倌，你「吃」起來感覺如何？

〈江南雨〉、〈江南雪〉，虛實之間

假如有個地理老師，期中考有一道題目「黃河之水那裡來？」學生熱愛詩歌，答「黃河之水天上來」，老師給「零分」。另有一個教詩創作的老師，出同題「黃河之水那裡來？」那學生從小不愛詩歌，偏愛地理，答說「黃河之水巴顏克剌山來。」老師給他「不及格」。假如發生在現在的台灣社會，學生、老師和家長已經吵成一團了，乃至打成一團，家長帶著孩子到學校質問出題老師、打老師，媒體則見縫插針，火上加油，說那是「外國地理」，說「老師不愛台灣」……說「老師薪水太高、搞垮台灣經濟」……而反課綱的學生更進一步要求，刪除所有中國歷史，〈日本天皇史〉列入必修……台灣就是這樣一個得了〈政治癌〉的末期病人。

我倒希望，以李登輝、反課綱學生這種日本皇民思想，根本全是漢奸，全是中華民族的敗類，最好移民到日本去當皇民。如此，以免全台灣人遲早都中毒了！

回到本文主題，詩語言和科學語言有根本的不同，如上面老師出的兩個題目和答案。中國詩講究意象意境而不重寫實，如王維〈鳥鳴澗〉、〈鹿柴〉，李白的〈望廬山五老峰〉等，都是意象空靈透徹之作。中國詩人所寫的景是完全心靈化，客觀景物完全被主觀融化，所呈現一種內化的感受。所以實景也「虛寫」，這不是故意「造假、騙人」，而是文學藝術上的誇飾、張力，如杜牧〈江南春〉一詩。

千里鶯啼綠映紅，水村山郭酒旗風。
南朝四百八十寺，多少樓臺煙雨中。

詩人杜牧遊江南時，感於景物繁華，追想南朝盛況，都不過是虛寫。千里鶯啼只是想像，所謂「南朝四百八十寺」，也非實景，而是詩人在朦朧迷離狀態中，設想南朝佛寺的盛況。整首詩表達一種湊泊玲瓏的意象，煙雨濛濛的詩境，故能成為傳世之經典作品。

吾國善用誇飾的詩人，李白算大師的大師了。如「白髮三千丈，緣愁似個長」、「燕山雪花大如席，片片吹落軒轅臺」，都是虛景，是詩的語言。若實況實寫，「白髮一尺長、燕山雪花如樹葉」，實則實矣，已失空靈之美，不是文學，而是科學語言。

詩創作都是在虛實之間把握，在可解不可解間、可說不可說處最妙。所謂真實是詩人性情、感情上的真性情。所謂虛寫，是意象、意境的空靈，想像、誇飾的張力、彈力和神思。以下賞讀海青青的兩首詩，一虛一實，先賞讀虛構的〈江南雪〉。

不說，也能感到，
你電話裡的雪
正千里著江南。

說了，話音未落，
這場雪就飄到了，
飄到了我的中原，
還有　跟隨而來的思念辮辮
覆蓋了我起伏的肩……

多想摘掉你髮上的雪花，
多想拭去你臉上的淚線，
多想把江南摟進臂彎……

可我們生活在社會最底層，
命運決定了路就是這樣艱難，
風雪還會不斷……

親愛的，抖一抖身上的雪吧，
比寒冷更強大的是溫暖！
綻開笑容就會融化冬天……

一九九七年十二月五日，河南《谷風》詩刊，二〇〇八年第二期，總第五十五期。

這是一首「實景虛寫」的詩，實景的雪在江南大地，虛景的雪在中原詩人的心頭。詩人在中原，情人在江南，所以江南雪瞬間飄到人在中原的詩人心頭上，表示詩人所牽掛的是江南的心上人。多想摘掉你髮上的雪花等句，乃思念之極也。

為什麼江南雪瞬間飄到詩人心頭？因為生活辛苦啊！在社會底層打拼生意，是不能改變的命運。這人生，會有不間斷的風雪，這是「虛的雪」，也是形容。最後還是要鼓舞自己，抖掉身上的雪，以積極努力、綻開笑容，方可融化人生之雪。

基本上這是一首借景說話的詩，借客觀世界的江南雪，形容人生艱難的路途，到處都是風雪，已經夠苦了。還得承受相思之苦，真是苦上加苦啊！另一首〈江南雨〉是實景實寫。

進市場飯店的那會兒，
天空還沒有一絲雨意。
一碗紅茶的功夫，
江南已朦朧在四月的春雨裡。

頂一張舊《經濟日報》
我跑進春雨繽紛的街頭。
黃包車的喇叭聲，
把我帶進幽深的魚腥味水巷。

我縱情嬉戲在春雨中，
縷縷雨水淋不濕我的快樂。
生在蘇杭，真是一種幸福！
我想像著雨後南國的風光……

猛然，我想起中原——
此刻，是否也有一場春雨？
如果有，那清真寺的檐滴，
會有誰把它吟成詩句？

一九九六年四月五日，原載河南《牡丹園》詩刊，二〇〇六年十一月「八東獅子號」總第二期。

詩人到了江南，或為生意或旅遊，實地感受江南風光，詩人盡情嬉戲在江南春雨中，故為實景實寫。寫實之作，欠缺想像力的發揮，也壓縮了空靈的美感，詩意意境不夠鮮明。只有在最後兩句，有了鮮明的詩意。

寫詩亦難在虛實的把握，過於平實陳述，就是拘泥於事實，失去張力和彈性，欠缺啟人深思的力道。過於事實，造成有形無神，無神的乏味，這是創作之大忌，不可不知。

海青青尚有不少寫江南的詩，如〈雨江南〉、〈江南古鎮〉、〈走在江南都市裡〉等。惟因配合題目「虛實之間」，選兩首與杜牧〈江南春〉一併欣賞，讀者讀來感覺如何？

〈花怨〉、〈註釋〉等幾首多重理解的詩

學術論文用詞最好定義明確，只有一種解釋，任何人看都只能有一種意義，是成功的學術論文。科學語言不能有歧義，也不能語意朦朧，若語意不明，各有詮釋，就是失敗的學術論文。

詩創作正好相反，詩講求意象、意境、空靈美感，這些都沒有「統一解釋」，各人所見的感受都不同。好的詩更有多重理解，多元詮釋，也就是有很寬廣的想像空間。再者，各類人讀到都能各取所須，舉李商隱的一首〈無題〉為例說明。

相見時離別亦難，東風無力百花殘。
春蠶到死絲方盡，蠟炬成灰淚始乾。
曉鏡但愁雲鬢改，夜吟應覺月光寒。

蓬山此去無多路，青鳥殷勤為探看。

這首詩全部使用象徵手法，但象徵什麼？內容很隱晦，詩很有名，但欣賞者各有解釋，詩的正確意涵是什麼？大家都說不上來。而且，因著看的人學歷、經歷、行業、人生經驗的不同，也產生多重多樣理解。有人說寫人生的困境，有人說是官場的失意情緒，有人說對愛情的執著，有人說對情人的無限思念，也有人解成對朋友的真情不渝，還有人說是思念故鄉親人，更有說是寫對君主的赤胆忠人……從詩意看，種種理解均可成立。正因如是，歷來讀這首詩的人，都可以從中找到自己想要的詮釋，用以得到美感、寄托、安慰等。這首詩象是現代電視上廣告的藥品，誰都能吃，內外可用，能治百病。

這首詩至少有基本的核心詩意，它傾向帶有怨、愁的性質，有深沉的思念和執著的追求。惟多重理解，讓讀者「各取所需」，可能是這首詩流傳成名的原因。在海青青這本《夢裡不知身是客》，我選四首有「多重理解」的詩欣賞，讀〈花怨〉。

不是所有的花
都能來得及開放；

不是所有的花
都能如願以償；
即使再輝煌的一生，
最終，也不過是
被多情的少女
剪下一枝，
插進
瓶中……

一九九一年

這首〈花怨〉有幾重理解？㈠不是所有的花都有機會開放，颱風或被人剪去，或……

很多原因；㈡不是所有的人都有機會老，很多人早早就去了；㈢就算有機會開放，也很快謝了；㈣花怨喻如人怨，人生有很多不如意，有很多無常；㈤花被插在瓶中，受限受困；㈥暗示人生不得志，大才小用……或許還有其他詩意。

花怨如人怨，英雄豪傑怨最多，孔明五次北伐未成，鄭成功反清復明大業未竟，蔣介石反攻大陸統一中國未成，就都先後去了西方極樂世界。再賞讀〈注釋〉。

我們的身影
不再擁有同一把傘。
我們的美夢
不再屬於同一片春天！

那麼，請別遠行，
請別舉杯消愁！
我不會執迷地望你
漸失在夕陽裡……

閉上眼，那是閉上從前。
飛濺的淚珠，
只是對往事的一串注釋。

一九九二年，原載四川《瀘州文化報》，一九九二年十月十六日。

〈注釋〉在注釋什麼？㈠情人分手、㈡夫妻離婚、㈢朋友或知音反目、㈣兄弟分家、㈤共同打拼事業的伙伴背叛了、㈥同一政黨的同志背叛了、㈦本是一家人分裂了。還有其他的理解嗎？

詩藝看這首詩，三段十二行，結構尚可，意象鮮明，如「同一把傘」、「同一片春天」，都是鮮明的意象。結尾以飛濺的淚珠注釋往事，很有創意，讓人心跳增加，情緒有了共鳴。再欣賞〈飛鳥夢〉。

白楊上的鳥啼
壓彎了誰的目光？

又是誰的淚水
在窗玻璃上題著奔湧的詩行？

飄忽的夢呀，
總像一根針，

扎在
追夢人的心上！

二〇〇六年十月十六日，原載上海《詩迷報》，二〇〇七年三月十二日
總第一一六期，上海《新聲詩頁》二〇〇七年夏季號。

這首詩不易理解，因為空靈空間很大，可能有很多想像，這種詩不是用來理解或解釋的，是拿來感受、欣賞的。就像李煜詞曰：「流水落花春去也，天上人間」，意象感

傷，不必解釋，就能溝通詩人和欣賞者的一點靈犀，這是好詩的特質之一。第一句的「烏啼」是一種「現成意象」，歷史上的詩人習慣性在用。「烏啼」在六朝樂府中，本是吉兆喜樂的象徵，後來轉成離人悲懷，表達一腔離愁和滿腹孤恨，如以下名句：

李白，「為客裁縫君自見，城烏獨宿夜空啼。」
杜甫，「霜黃碧梧白鶴棲，城頭擊柝復烏啼。」
李端，「鶴舞月將下，烏啼霜正繁。」
羅鄴，「夢斷南窗啼曉烏，新霜昨夜下庭梧。」

〈飛鳥啼〉的意象不僅鮮明，也很「重」、很「痛」，烏啼離愁壓彎了目光，飄忽的夢如針扎心頭，都是強烈的可感性，有多重理解，多元性解讀。以下是一首這種多重理解的傳統詩，先不提作者和詩題，玩一個遊戲，有緣的讀者，你知道詩在說什麼嗎？作者何人？詩題是什麼？猜猜看。（答案在本文最後）

曾逐東風拂舞筵，樂游春苑斷腸天。

如何肯到清秋日，已帶斜陽又帶蟬。

海青青這本詩集，多重理解的詩以小品、行數少較多，如〈翅膀上的夢〉、〈早霜〉、〈多想〉等均是，再賞讀〈多想〉一詩。

多想，
看一看
流星用它發光的筆，
在另一軌迹上寫下的詩行。

多想，聽一聽
飛瀑用它錚錚的琴弦，
彈奏另一曲命運的樂章。

多想，聞一聞

花葉用它的執著，
穿越秋後飄逸的芬芳。

多想啊多想，
海平線不再遙遠，
蒲公英的種子不再流浪……

多想，闖一闖，
用所有的付出，
讓人生拐進另一個方向！

二〇〇七年五月二十三日，原載《愛情婚姻家庭》，二〇〇七年第十期「生活紀實」版；台灣《OUT 門外詩刊》，二〇〇八年一月號，總第十期。

〈多想〉一詩也有多重理解，我在此不做解讀，把機會留給有緣的讀者，把你的解讀寄給洛陽詩人海青青，《牡丹園》詩刊社（地址：河南省洛陽市老城區肖家街福臨園

海青青書店　郵編：四七一〇〇二）。限二〇一六年三月前，由海青青選出解讀最正確者，錄前五名，由海青青寄贈本書各一本，每人限贈一本，以示對海青青和他編《牡丹園》詩刊的鼓舞。

末了，公佈前面那首傳統詩的答案，是李商隱的《柳》，原來是寫柳樹，除非已讀過，否則光看詩文真是不知語意為何！惟解其詩意內涵，有四重意義。一重詠柳在不同時節的情態、二重引申柳先榮後悴、三重再擴張以喻人先大成後慘敗、四重由人生的破敗引起的悲涼惆悵之情。此四重詩意，由實而虛，層層深化。

海青青和王學忠的社會底層弱勢者關懷詩寫

在吾國神州大地上，我有兩個好友詩人，都是擺地攤起家的。先認識的（尚未正式見過面）是王學忠，他住河南安陽丁家巷內，現在詩壇上叫他「平民詩人」，也有叫「地攤詩人」、「工人詩人」。

另一位是本書主角海青青，洛陽《牡丹園》詩刊園主。我特別查地圖，洛陽和安陽直線距離二百公里，不知他二人是否有交流？海青青也可以叫「地攤詩人」。另在《牡丹園》第44期（二〇一五、四）有圣野一首喜賀《牡丹園》創刊十周年，詩曰：「有個民間賣布郎……」所以，海青青也可以叫「賣布詩人」。

本文為何要提王學忠和海青青，因二人有很多相似，同是我好友、同在河南，同是擺攤起家都是「地攤詩人」；最重要者，他們同在社會底層打拼討生活，他們最接近弱勢族群，也關懷弱勢者的生活。本文就賞讀海青青兩首關懷弱勢族群的詩，〈擦鞋童工〉。

年齡不是他們的工作證，
花開的聲音刺不痛城市的神經！
和大人一般挎個小木箱，
裡面裝滿了簡單的工具。
讓孱弱的背影貼上時代的風景，
讓漂流的腳步消失盡都市的喧嗚。
飯店、碼頭、火車站、立交橋
是他們賺取生活希望的環境。
沒有人知道他們來自什麼地方，
明天又將何去何從？

眼睛是一台高科技的掃描儀，
掃視著南來北往的皮鞋。
嘴裡永遠一句：

「老板，擦下皮鞋吧！」
每一雙伸上來的身份各異的皮鞋
都讓他們無比激動！
從早到晚把別人的心情擦亮，
卻忘了擦一擦自己髒了的眼睛。
來不及對客人微笑和感謝，
目光已投向另一個來往匆匆的身影……

二〇〇一年，原載河南《牡丹園》詩刊，二〇〇六年八月「白神號」總第一期。

這首〈擦鞋童工〉，彰顯了「童工問題」在中國依然存在，只是不知道有多嚴重！童工的存在，是評量一個國家先進、現代、落後的重要指標。

聯合國每年也發公告，警惕各國「童工」是非法的，但印度、非洲、中南美及落後地區，全球竟有幾億童工，很不可思議！大陸又如何？兩岸開放之初（約二十五年前），吾有一友到北京觀光，回來告訴我：「北京滿街都是小乞丐，到處都是童工！」印象極為惡劣，從此不去中國。我極力向他解釋，社會發展需要時間，台灣以前也是，可惜先人為主難以改變。就像一九四九年，有些台灣人到基隆港迎接國軍，一看像是一群逃難的乞丐兵，可憐之極，從此對軍人印象很惡劣，人真是麻煩的動物，有時看某些人真是比豬笨！

現在全世界都知道中國繁榮了、發了！成為「世界第一經濟體」，照理不應有童工的存在。但我知道，中國很大、很複雜，各地區發展落差太大，很多地方極為先進，也很多地方很落後，童工的存在是「必然」的。惟吾人不能因「必然」就不管，要把問題挖出來，經由法律、制度徹底改善，才是一個在國際上值得別國尊敬的大國。否則，中國不論如何強大，飛機大砲如何先進，社會上到處童工、乞丐和流浪漢，這樣的強大意義並不大，也難以得到別國尊重，不是嗎？

台灣大約三十五年前，也是火車站、汽車站到處是童工，所以我對擦鞋童印象深刻，很能喚起我的同感和同理心，如同我親自看到一個擦鞋童期待的眼神。我期待兩岸中國人，不要再吵架和打架了，好好完成和平統一，建設我們國家成人間樂園，就永遠沒有童工了，更不要有乞丐和流浪漢，實現孔子禮運大同篇的理想。賞讀另一首《拉車師傅：在中國輕紡城停車場上》。

汽車還沒有停穩，
人已爬到車上。
為了多攬一些生意，
噴著黃酒喊著伙伴。

貨已裝得山高，
還嫌車子太小。
人已大汗淋漓，
還嫌汗流得不夠。

貨沒有給老板送去，
心已想著下一次生意，
像一輛不知疲憊的板車，
晚上才能卸去一天的沉重！

一九九七年三月二十九日，原載《詩刊》，一九九八年。

台灣現在很少看到這樣景像，但每個社會必有「金字塔底層」民眾，每天拼命工作。還有更差的，有一餐沒一頓的，這種情形相信世界各地都有。

還是前面那句老話，兩岸中國人就忘了以前那些恩怨情仇，好好完成和平統一，好好建設家園，讓人民過得辛苦的日子。兩岸中國人若還不和解、不團結，小日本鬼子在老美的支持下，就要發動「第四次侵華聖戰」，到時吾國災難又來了，中國人一定要團結一致對外。

賞讀了海青青的弱勢關懷作品，也要欣賞同是「平民詩人、地攤詩人」王學忠作品。以王學忠新著《我知道風兒朝哪個方向吹》〈詩歌卷〉（北京：線裝書局，二〇一四年五月）一書，其中一首詩〈我不知道誰是罪〉，同屬「兒童福利問題」，並涉入更多中國社會發展失衡的問題，值得大家深思之。

學忠在詩前有〈題記〉，《廣州日報》報導：一名九歲男孩因感冒發燒，找父母要十元錢看病，貧窮缺錢的父母互相推諉，為誰去借錢發生激烈爭吵。男孩回到自己房間後，用紅領巾上吊自殺……詩曰：

九歲的孩子

應是欲放的花蕾
沐浴著暖暖春暉
和風、麗日
嬌美惹人醉
唉，我們的小主人公花蕾
未綻放便枯萎……

父母吵得紅鼻子青嘴
不分是與非
孩子在一旁暗抹淚
此刻的他面色蒼白、蠟黃
好幾天高燒不退
他抽泣著回到自己小屋
眼前覺得一陣黑
有錢人家的孩子

個個是珍珠寶貝
爸爸疼、媽媽愛
家裡、學校、路上
每每揚眉
都是一朵朵幸福的玫瑰
而窮人家的孩子
站在哪兒都腦袋低垂

他未埋怨自己的父母
也沒說短道長這個社會
想起了電視裡的「動物世界」
森林裡的小鹿、兔子
獅子、老虎、狼和狽
也許，羊羔生下來就是喂狼的
認命是自然規律不是自卑

于是，他從書包裡掏出紅領巾
輕輕撫摸著
像撫摸著心扉
揩去眼角的淚
打個結掛在窗櫺上
做了這個世界的新鬼
唉，我不知誰是罪

吵了很久很久的父母
雙雙有些疲倦和累
是呀，來城市掏金十餘載
金沒掏得
卻已心力交瘁
昨天桃花瓣似的村姑
變成了黃臉婆

有著一身用不完的力的棒小伙兒
也沒了昔日的魁偉

不錯，城市有的是榮華富貴
賓館、酒樓
高爾夫球場、夜總會
數千萬元的別墅
住的是精英國粹
「天上人間」如夢如幻
萬兒八千的是一夜消費
允許狗去的地方
窮人不准入內

當這對夫婦吵罷了嘴
走進小屋

發現兒子已吊死在窗櫺上
相伴一抹艷麗的晨暉
我不敢說誰知罪……

比童工更嚴重的問題，販賣兒童、虐待兒童、性侵兒童……在這地球村裡，每一天不知多少個成千成萬事件在發生，包含前面那個「擦鞋童工」，也可能已控制在人口販子手中，當一顆小搖樹。啊！先不管印度、非洲如何！我還是先關心自己的家園，身為中國人，有權對中國問題談些看法。

王學忠目前已有十多本書出版，說盡所有社會底層弱勢者的問題，包含這首詩講到的，我認為和海青青的「擦鞋童工」，本質上是一體的，完整的社會問題。擦鞋童工寫於二〇〇一年，距我寫本文時間〈二〇一五年八月〉，已是十四年前。難到現在尚未完成《兒童福利法》嗎？尚未禁止童工嗎？相信和十四年前是不一樣的。

〈我不知道誰是罪〉是真實事件，我還是相信這只是一個個案，而不可能是普遍性問題，絕大多數的孩子依然是父母的寶貝。但這首詩還是突顯了兩個社會發展失衡的嚴重性問題。

第一、鄉村農民工大量湧入城市淘金，大約在三十年前就已經很嚴重，但這是世界性問題，各國城鄉差距問題都大，都市化、城市化不斷提高。中國自古以農立國，這個問題的嚴重性高於各國，吾國執政者要深入思考，從根本上解決，我們才能有尊嚴的立足於國際，成為廿一世紀主盟國際的強大國家。

第二、允許狗可以去的地方，窮人不准入內。這表示一個社會真的「窮得剩下錢」，忠孝仁愛禮義廉恥、平等、尊重、講信修睦，這些我們的「傳統文化」哪裡去了？當年老毛搞文革要打倒「孔家店」，把四書五經丟到茅坑裡！現在不是早已「撈起來了」？大陸目前也積極在復興文化。但我告訴大家，破壞容易復興難，中國社會要恢復到一個「人的社會」、「正常社會」，至少還要二十年的努力。而有些心病、心癌（如崇拜媚外），可能要更長久的時間，才能治好，那是民族自信心回來的時候。

學忠的詩也點出另一個問題，「羊羔生下來就是喂狼的」，這是達爾文《進化論》的自然環境中的動物社會，在動物禽獸社會裡，虎狼吃羊羔是正常的，那是牠們的「正常社會」，若虎狼不吃羊羔，才是不正常了。

王學忠的詩要質問的是：「我們的社會是禽獸社會嗎？放任弱肉強食嗎？」

《夢裡不知身是客》幾首可愛小詩

在海青青《夢裡不知身是客》詩集中，我發現他的小詩甚為突出。他善於經營小詩，能夠把握精確的意象，結構也較嚴謹，詩意深長，意境空靈，在別文已介紹過。本文再賞讀幾首小詩，〈世紀情緒〉組詩之一的〈故事〉一詩。

我是
父親一生中最喜愛的
故事。

父親是
我故事中最永恆的

主題！

一九九三年，原載四川《未來作家》，一九九三年第五期。

這是一首極有創意的比喻，「主題」與「故事」必然要能連接才有意義。例如，《西遊記》是主題，開展出唐三藏師徒西天取經的故事，這才「文題相合」。我是父親一生中最喜愛的故事，也表示一代比一代強，父親只是一個題目，詩人根據題目開展出一片江山。

反之，父親是我故事中最永恆的主題，表示詩人不論如何發展，都不會離題，永不忘本之意。六行小詩自成一個完整的宇宙系統，是很成功的小詩。另一首〈巢〉很有想像空間。

小山村住在稻香裡，
稻香住在蛙鳴裡，
蛙鳴住在寂寞裡，
寂寞住在思念裡……

思念住在哪裡？
月亮不會是它的巢？

二〇〇一年八月二十八日，原載李一痕主編，《當代抒情短詩千首》，人民文學出版社。

主題和詩人很有創意，也很新鮮，小山村住在稻香裡，稻香是「巢」是家，村人賴以安身立命的基地；稻香住在蛙鳴裡，蛙鳴是稻香的家；蛙鳴住在寂寞裡，寂寞是蛙鳴的巢；寂寞住在思念裡，思念是寂寞的巢，思念最後的巢是月亮，層層探視，原來詩人是在想家，思念故鄉的風光景色。

這首詩的另一個欣賞角度，也可以當成單純詩寫一個小山村的寧靜風景，村民安祥自在過著清淨的日子，一幅小小的田園詩景。下面這首〈翅膀上的夢〉，不僅很有氣勢，也很有震撼力。

一

天空是一塊磨刀石，
砥礪著搏擊的翅膀。

小鳥們常用這把剪刀，
剪開烏雲，飛向太陽！

二

在天空中埋葬翅膀！
小鳥們的夢想……

二〇〇七年九月二十一日，原載上海《詩迷報》，二〇〇七年國慶號，總第一四六期；浙江《橘花》，二〇〇七年十二月第六期，總第一七二期。

這首詩不僅創意、新鮮，想像力也很突出，用以比喻的意象甚有震撼力。想像著鳥張開翅膀在天空飛，等於是在「磨」翅膀，天空就是磨刀石了！

再用另一個想像，小鳥向前飛，等於把天空「剪」開，才能向前飛。最後一段最詭異，在天空中埋葬翅膀，其實就是在天空飛翔，這當然是小鳥的夢想。提升到人生層次，鼓舞人要勇於高飛，勇於奮鬥，勇於實踐夢想，但要經得起「磨」！

〈我的另一種生涯的青春〉組詩第二首〈家三國〉，雖是現代社會極普遍的常態，但文題設計有趣中帶點淡淡感傷，也很有可讀性。

一個家，
三個天涯。

一個在母親的鄉下，
推開門是母親的遙望，
關上門是母親的牽掛。

一個在妻子的城裡，

睜開眼是油塩醬醋茶，
閉上眼是深夜月已花。

一個在我的山中，
白天廉價的忙碌把青春打發，
晚上多情的山月把思念送回鄉下。

夢呀，
成了親人相聚的家！

二〇〇六年九月五日，原載河南《牡丹園》詩刊，「八束獅子」號，二〇〇六年十一月。總第二期。

第一段的兩行「一個家／三個天涯」，立即有了「多重解釋」，最先想到的是一家三口人，一個統派，一個獨派，一個不統不獨派（親民黨）。結果一家人都反目，父不父、子不子、夫妻離異，幸好是在大陸，這詩才有正常的解讀。很多大陸同胞來台灣旅遊說：「不到台灣不知道文革還在搞」，這是真的！

可見政治對文學的傷害是很嚴重的，國共鬥爭時期，大陸要求文學為共產主義服務，台灣要求文學為三民主義服務，都是錯的。中國文學只為中國民族、為全體中國人民服務，除此，不為誰！

〈家三國〉最後親人只在夢中相聚，確是感傷，但這是現代社會的常態，能把平常生活寫出詩意，也是海青青小詩、短詩的特色，此為自然。

司空圖詮釋「自然」說：「俯拾即是，不取諸鄰。俱道適往，著手成春。」詩就在生活中，在身邊發生的事上，不在遠處。吾人常言「詩貴自然」，如雲行而生變，水因動而生文，有不期然而然之妙。這是永無止境的追求、「磨」練，與海青青共勉之！

〈六月市場上〉、〈早起歌〉：詩人生活寫眞

我猜想，海青青仍是一個賣布郎，經常擺地攤，到各地做生意，詩不能當飯吃，不能養家營生，詩人也要生活。有時我在寫關於他的文章時，也會想到海青青現在幹啥？白天在做生意，晚上投入詩的理想國。

他每天在做什麼？從他的許多詩看出他的若干生活片段，有兩首詩似可當成他生活的寫真，真實又有趣。〈六月市場上〉和〈早起歌〉，先賞讀後者。

夢剛剛落了巢，
老板就半夜叫。
醒來再也找不到夢，
玻璃上幾顆寒星。

牙沒有刷完，
大便沒有結淨，
臉上的夜色沒有洗掉，
旅館外已是人喊車鳴。

坐到早已等候的中巴車裡，
睡意沉沉，
但我也不敢有夢，
担心汽車過了紹興。

遠處青山裏在初冬的晨霧裡，
錢塘江依然載不去千年的慢郁。
我不敢再向外望去，
怕流浪的身影驚起沉睡的濤聲。

一九九六年十月十九日，原載河南《莽原》，一九九八年第五期，總第九十八期。

假設我是海青青，這天正好從杭州去紹興的途中，大早趕車要接洽生意，寫了〈早起歌〉這首詩，我大概不會讓「大便」入詩，但他用的很自然、很生活化。「穢詞」好不好入詩，見人見智，也是技術問題。

第一段寫的很好，把「夢」擬人化，使意象鮮明，使詩意豐富。第二段被叫醒後的「早課」，匆匆忙忙，該做的早課沒做完，人還在半睡半醒中就要趕車上路，在車上不敢有夢，怕坐過了站。「不敢有夢」若改成「不敢去找夢」，較能呼應前面擬人化的效果，也讓意象較鮮活。末段「錢塘江依然載不去千年的憂郁」，所指為何？千年的憂郁是什麼？有些不知所云，但最後兩句結尾甚佳，正好呼應詩人在異鄉做生意，到處流浪的辛苦。

這首詩比較接近詩人生活的寫真，海青青大概經常要到各地辦事，有自己的生意，有時也要配合老板的須要到各地出差。拼事業本來就不容易，錢也不好賺，否則豈不人人是企業家！人人是富翁！再賞讀〈六月市場上〉。

季節進入了麥收，

生意也進入了淡季。
頭頂一張炎熱，
眼皮掛滿困惑。

本想早一點收攤，
又怕來了生意，
只好硬挺著，
盼望意外的收穫。

突然一陣風，
飄來一場雨，
久旱的心窩兒，
萌發一層快活！
下雨就可以收攤，

或者長夢或者短歌。
話未落地雨就住，
頓生的歡喜飄過！

一九九七年六月二日

這是一首寫實的詩，擺攤做生意的人的心理變化，以及那種心情在瞬間起落的感覺。寫實之作通常少有空靈空間，想像力的發揮亦不足，惟在詩意上盡力經營。

第一段頭頂一張炎熱、眼皮掛滿困惑語氣和諧，更有音樂性的連接，突顯了詩意和詩人的心情。第二段心情的起落、掙扎，到底要不要挺下去？接著來了一陣風、一場雨，正高興可以收攤了，可以回家做夢或寫詩，奈何雨又「住」了。頓生的歡喜又被風飄走了！

話未落地雨就「住」，通常的解釋是「執著」，如《金剛經》說：「應無所住、不住於相」，都做執著之解釋。但海青青這句「雨就住」，大概是雨「執著」一直下，才合乎整首詩的情節。

身為一個在社會底層打拼工作的生意人，每天要忙著出攤收攤，生活本來已不容易，就像這兩首詩的生活寫真，讓我更了解真實的海青青。在這樣的困難環境中，還要文學創作，要編《牡丹園》詩刊，中國文壇詩界應該給這樣的人最大的鼓舞和支持，因為他對文學有熱情。

誠如海青青在詩集〈後記〉㈡所言，他在二十多年的文學創作生涯中，詩已是生命另一位愛人。面對未來，有許多前輩詩人的鼓勵，如木斧、圣野、王爾碑、雁翼、穆仁、姚欣則、李小雨等，一定要勤勤懇懇的辦好《牡丹園》詩刊。

我寫本書，也正是要給海青青最大的鼓舞和支持。

稚愛，〈我愛你〉、〈唯一愛過的〉

我敢打賭，絕大多數男生有過「稚愛」（約十五歲前），女生則不一定。通常十二歲前是兒童時期，十二到十五是少年時期，十六歲後進入青年，但各種社會發展型態差別極大。很多地方十六歲還是少年，也有很多地方十六歲已當爸爸好幾年了。

男生和女生有「異性感」，大約小四開始，有「愛的感覺」，大約十三歲（初中一年級）前後，這是按我自己經驗、成長進度的「經驗談」。我在讀初中一年級時，很喜歡一個女生，情書也寫了，好久她不理我，到下學期她終於理我了，我們也相約去看了幾場電影，還牽了小手。但不久她又不理我，兩星期後她告訴我，事情被她媽媽知道（媽媽偷看她的信），警告要給她退學回家煮飯，這段「稚愛」就早早結束了，男生到老也不會忘記的少年之愛，不是戀愛的戀愛！

詩人的特質是天生就會織夢，每一首詩都是某種愛的花園，愛的理想國。所以，詩人感情豐富、純真、純情，最適合談戀愛的物種，應該是各類人中，最早有「愛情感覺」的人，多數詩人有過稚愛，海青青當然是，首先賞讀〈唯一愛過的〉。

你此去的小路
像一絲拉長的思念——
一頭是你的背影，
一頭是我的雙眼。

你此去的小路
像一根綳緊的纖繩——
一頭繫著你的風雨，
一頭繫著我的心間。

你此去的小路
像一支沉重的黑管——

一頭吹著你的元曲，
一頭吹著我的哀怨。

但我怎麼能放棄啊，
這最美麗的情感！
因為，因為
我是你唯一愛過的少年！

一九九二年，原載四川《龍眼樹》詩報。一九九三年第一期。

人生最美麗的感情！就是那段稚愛，女生永遠不會忘記那位愛過的少年，男生也是。人生再往後，到了青年，到了所謂熟男、熟女，所談的戀愛，已不那麼美麗、不單純，要先看對方條件，男人有男人的想要，女人也有女人的想要，這到底是「愛情」還是「生意」？或者是「戰略妥協」？

到了現代談戀愛更是「可怕」！有許多「安全守則」要記住，要在公共場所，飲料不是親自開瓶不能喝，開瓶後到入杯中，上廁所回來也不能喝……談戀愛像在搞偵探，像在驗收「安全管理」課程，現代社會的愛情和戀愛完全走樣了，讓人更懷念三、四十年前，我們那段少年時代純純的稚愛。

〈唯一愛過的〉寫出稚愛的氣氛，前三段比喻都很傳神，一絲思念、一根纖繩、一支黑管，一個在那頭，一個在這頭，兩地相思。結尾喚醒每個早已長大的男女，那段人生最美的感情，誰也不放棄、不能忘記，不管男生女生，都是唯一。再賞讀〈我愛你〉。

那天的雪花還記得，
是誰在它鋪開的稿子上，
輕輕地寫下一行：
我愛你！

那天的陽光還記得，
是誰在它金色的目光裡，
細細地寫下一行：
我愛你！

那天的小鳥還記得，
是誰在它藍藍的歌聲裡，
深深地寫下一行：
我愛你！

那天的路人還記得，
是誰在它一督的驚訝裡，
重重地寫下一行：
我愛你！

即使雪花、陽光、小鳥、路人不記得，
有一個人他一輩子都不會忘記，
在他年少的最美麗的時刻寫下的一行：
我愛你！

一九九〇年整理，原載台灣《秋水》詩刊，二〇〇八年四月號，總第一三七期。

這是青少年時代的戀愛記憶，雪花、陽光、小鳥、路人，都是詩人寄託的，也等於被詩人擬人化了，實際上當然是詩人自己忘不掉。忘不掉當年小情人倆，在冬天一起玩雪花，在陽光下牽手散步，在藍天草原上歌唱，在許多地方留下美好回憶！

這首詩出現五次「我愛你」，應有待商榷。第一和中國人的兩性相交習性不同，西方人開口閉口「我愛你」，中國人就算熱戀也不說「我愛你」，這是東西方文化的差別。其次，中華民族性溫柔敦厚，表現於詩就是語意含畜。《詩人玉屑》卷之十說：「詩文要含蓄不露，便是好處。」故，若能不直接使用「我愛你」，而寄託在可言不可言之間，又能表達愛意，是否最佳？也讓有緣讀到本書的詩人或有緣人，你覺得如何？

〈我愛你〉和〈唯一愛過的〉是海青青的故事，一生難忘的回憶。有人也許要問「這是海青青的故事嗎？」提問的人大概是個洋人，西洋文學很多主張只寫客觀存在的事物，與「我」無關。「我」可以敗德、亂倫，壞事做盡，作品依然受人崇拜，成為傳世經典，如法國佛祿拜耳、司旦達爾、巴爾札克，英國迭更斯等都是。

但中國文學思想主張「文如其人」，人品文品必須一致，若人品不好，文品極好，他的作品也會被人「刻意忘記」。例如，吾國歷史有名的奸臣、漢奸，秦檜、汪精衛等，他們的文章詩品不比台灣余光中差，但有人說他們是作家、詩人嗎？

中國詩人自古以來真性情書寫，寫他自己的親身感受，人品詩品一致，主客合一，心物合一。因此，《夢裡不知身是客》，每一首都是詩人的真性情，詩人自己的故事。

介紹《牡丹園》詩刊

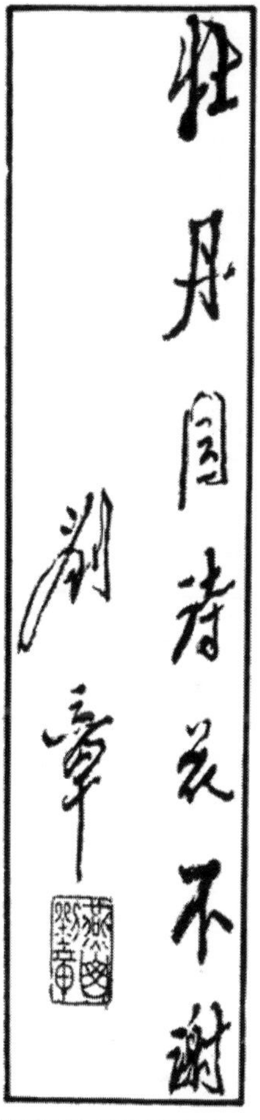

前面是《牡丹園》詩刊的刊頭題名，還有劉章在刊內的題詞。

儘管這個詩刊不是中國大地上最有名，不是神州詩壇上最光耀的明星，不是最有規模，甚至也不是最好的，只有一個「最」，最叫我感動的，感動我要來鼓舞園主，支持園主。

大約四年前，我才知道有個叫海青青的年輕人（當時他看起來很年輕），做點小生意，經濟條件不佳，寫詩也編《牡丹園》詩刊，

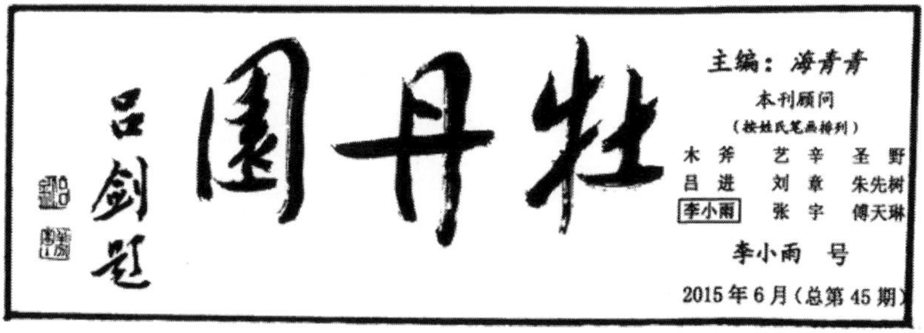

我們只在鄭州碰面幾小時，聊了幾句話。回台灣後，我們再也沒見面機會，他常寄《牡丹園》詩刊給我。

那時我覺得《牡丹園》不會維持太久，海青青經濟不佳，又沒有政府經費補助，遲早是要打烊的。私人辦詩刊成功維持五年以上極少，台灣文壇有一則笑話說，如果你要害一個人，叫他去辦雜誌，不久他就會「死的很慘」！

第六年、第七年，《牡丹園》還沒打烊！第八年還沒收攤！第九年發刊持續……我開始對海青青這個人和他的作品，重新審視、定位並給他鼓舞支持，好好理解及讀他是鼓舞支持的辦法。同時在本書出版前，簡單介紹《牡丹園》詩刊，選近期寄到的總第44、45期。

《牡丹園》詩刊總第44期（二〇一五年四月）

這期主題是「相約牡丹園」，第四屆「牡丹園」筆會，洛陽牡丹文化節號（第33屆）。這個報紙型小詩刊通常只有四版，特別節、事增加為兩張八版，本期四版，各版作者、作品主題如下：

第一版

上海，圣野，〈我們趕上好時候〉。
河北，路志寬，〈中范堤村〉（組詩）。
上海，陳佩君，〈旗袍〉。
山東，賈懷超，〈鐮刀〉、〈雁〉、〈思鄉〉。

第二版

甘肅，何軍雄，〈與佛有關〉、〈修行〉。
安徽，包光潛，〈午後的幻象〉。
雲南，張禮，〈城市逼近村庄〉、〈夢中的村庄〉。
上海，俞冬雪，〈彩虹橋〉、〈奏響明天〉、〈詩歌樹〉。
河南，海青青，有〈帝都日記〉四首。

第三版

四川，梁登壽，〈臘月的村口〉、〈臘月，露出村庄的軟肋〉。
海青青給俞冬雪詩友的信。
遼寧天楊給海青青簡信、公告等。

第四版

山東，李恩維，〈孤獨的吶喊〉。
河北，李俊杰，〈春燦〉。
安徽，包光潛，〈歸來，或者離去〉。
上海，圣野，喜賀《牡丹園》創刊十周年。
遼寧，天楊，賀《牡丹園》創刊十周年。
其他還有一些公告等。

《牡丹園》詩刊總第45期（二〇一五年六月）

本期主題是〈六一，歌的節目〉，第一屆「兒童詩」筆會，李小雨專號，各版作者、主題如下：

第一版

上海，圣野，〈出生〉、〈斷想〉、〈風箏的聯想〉等五首。

江蘇，李作華，中國古代勤學兒歌，共六首。

上海，陳發根，兒歌（詩）三首。

湖北，林藍，兒童詩六首（接到第二版）

第二版

上海，劉秉剛，〈哥哥變成呆頭鵝〉等三首。

河北，李艷華，〈玩筷子〉、〈兩個乖娃娃〉等五首。

上海，俞冬雪，〈和春天約會〉等六首。

重慶，張倫，〈胡子〉等四首。（接三版）

第三版

河南，青衫，〈小竹床〉等三首。

劉章題詞，「牡丹園詩花不謝」。

第四版

上海，傅家駒，〈賀牡丹園十周年華誕〉。

詩人李小雨病逝公告。

《秋水四十年》簡介。

涂靜怡給海青青的信等。

第五版

海青青，〈詩雨繽紛：送我的詩姊李小雨老師〉。

第六版

北京，高鑒，〈在另一個世界依然歌唱：懷念詩人李小雨〉。

第七版

北京，李瑛，〈挽歌：哭小雨〉。

第八版

李小雨詩選，〈紅紗巾〉等三首。

李小雨簡介和著作等。

前面簡介這位李小雨，名字好可愛。按簡介，女生，一九五一年十月二十六日生，河北豐潤縣人，一九六九年中學畢業後下鄉插隊，一九七一年入伍，在鐵道兵五八七四部隊當衛生兵。一九七六年到詩刊編輯部，北京大學中文系畢業。有詩集《雁翎歌》、《紅紗巾》等。

《牡丹園》詩刊到了第八、九年時，我甚感驚訝，一個擺地攤的小伙子，如何能夠把一個詩刊維持這麼久。那時，我開始思考如何鼓舞他、支持他，經過很久的思索，我突然有個靈感，我要為他寫一本書，送給所有《牡丹園》詩刊的創作者和讀者，終於完成此項工程。

陳福成著作全編總目

壹、兩岸關係

①決戰閏八月
②防衛大台灣
③解開兩岸十大弔詭
④大陸政策與兩岸關係

貳、國家安全

⑤國家安全與情治機關的弔詭
⑥國家安全與戰略關係
⑦國家安全論壇。

參、中國學四部曲

⑧中國歷代戰爭新詮
⑨中國近代黨派發展研究新詮
⑩中國政治思想新詮
⑪中國四大兵法家新詮：孫子、吳起、孫臏、孔明

肆、歷史、人類、文化、宗教、會黨

⑫神劍與屠刀
⑬中國神譜
⑭天帝教的中華文化意涵
⑮奴婢妾匪到革命家之路：復興廣播電台謝雪紅訪講錄
⑯洪門、青幫與哥老會研究

伍、詩〈現代詩、傳統詩〉、文學

⑰幻夢花開一江山
⑱赤縣行腳・神州心旅
⑲「外公」與「外婆」的詩
⑳尋找一座山
㉑春秋記實
㉒性情世界
㉓春秋詩選
㉔八方風雲性情世界
㉕古晟的誕生
㉖把腳印典藏在雲端
㉗從魯迅文學醫人魂救國魂說起
㉘六十後詩雜記詩集

陸、現代詩（詩人、詩社）研究

㉙三月詩會研究
㉚我們的春秋大業：三月詩會二十年別集
㉛中國當代平民詩人王學忠
㉜讀詩稗記
㉝嚴謹與浪漫之間
㉞一信詩學研究：解剖一隻九頭詩鵠
㉟囚徒
㊱胡爾泰現代詩臆說
㊲王學忠籲天詩錄

柒、春秋典型人物研究、遊記

㊳山西芮城劉焦智「鳳梅人」報研究
㊴在「鳳梅人」小橋上

拾陸：2015 年 9 月後新著

編號	書　　名	出版社	出版時間	定價	字數（萬）	內容性質
81	一隻菜鳥的學佛初認識	文史哲	2015.9	460	12	學佛心得
82	海青青的天空	文史哲	2015.9	250	6	現代詩評
83	葉莎現代詩欣賞	秀威			6	現代詩評
84						
85						
86						
87						
88						
89						
90						
91						
92						
93						
94						
95						
96						
97						
98						
99						
100						

國防通識課程及其它著編作品

（各級學校教科書）

編號	書　名	出版社	教育部審定
1	國家安全概論（大學院校用）	幼　獅	民國 86 年
2	國家安全概述（高中職、專科用）	幼　獅	民國 86 年
3	國家安全概論（台灣大學專用書）	台　大	（臺大不送審）
4	軍事研究（大專院校用）	全　華	民國 95 年
5	國防通識（第一冊、高中學生用）	龍　騰	民國 94 年課程要綱
6	國防通識（第二冊、高中學生用）	龍　騰	同
7	國防通識（第三冊、高中學生用）	龍　騰	同
8	國防通識（第四冊、高中學生用）	龍　騰	同
9	國防通識（第一冊、教師專用）	龍　騰	同
10	國防通識（第二冊、教師專用）	龍　騰	同
11	國防通識（第三冊、教師專用）	龍　騰	同
12	國防通識（第四冊、教師專用）	龍　騰	同
13	臺灣大學退休人員聯誼會會務通訊	文史哲	

註：以上除編號 4，餘均非賣品，編號 4 至 12 均合著。

編號 13 定價一千元。